U0685908

全面开发左右脑，启发多元智能，激发无限
用最简单的游戏玩出你的多元化智能，激发沉睡的**逻辑力**，

世界精英都在玩的

300个

思维游戏

思维是玩出来的，逻辑是练出来的，
头脑就是这样变聪明的！ 马剑涛◎编著

中国华侨出版社

图书在版编目（CIP）数据

世界精英都在玩的300个思维游戏 / 马剑涛编著. — 北京：中国华侨出版社，2011.3

ISBN 978-7-5113-1238-9

I. ①世… II. ①马… III. ①智力游戏 IV. ①G898.2

中国版本图书馆CIP数据核字（2011）第021939号

● 世界精英都在玩的300个思维游戏

编　　著 / 马剑涛

责任编辑 / 梁　谋

责任校对 / 志　刚

经　　销 / 新华书店

开　　本 / 787×1092毫米　　　16开　　　印张 / 16　　字数 / 180千

印　　刷 / 北京毅峰迅捷印刷有限公司

版　　次 / 2011年5月第1版　　　　2011年5月第1次印刷

书　　号 / ISBN 978-7-5113-1238-9

定　　价 / 29.80元

中国华侨出版社　　北京市朝阳区静安里26号通成达大厦3层　　邮　编：100028

法律顾问：陈鹰律师事务所

编辑部：（010）64443056　　传真：（010）64439708

发行部：（010）64443051

网　　址：www.oveaschin.com

E-mail：oveaschin@sina.com

　　随着信息化时代的到来，人们的生活节奏也越来越快。在日新月异的环境中，全球的人才争夺战也更加地激烈。人才更多地表现在一个人的思维观念上能够突破常规，能够勇于创新。哈佛大学第21任校长艾略特就曾说过："人类的希望取决于那些知识先驱者的思维，他们所思考的事情可能超过一般人几年，超前几代人甚至几个世纪。"而传统的观念更是认为，逻辑思维能力是智商高的表现。

　　如今，逻辑思维能力越来越被人们所看重，不仅MBA有逻辑题，而且公务员考试中也加入了逻辑测试题，甚至很多大型企业录用员工时更会把逻辑思维测试作为一项必考的项目。你，与时代脱节了吗？

　　逻辑通常和数学是联系在一起的，但是也有很多缺乏数学细胞或者对数学颇感乏味的人，通过另一种途径具备了卓越的逻辑思维能力。他们为什么具有如此出众的才能呢？他们又是如何做到的呢？游戏是他们快速成材的捷径。只有先有兴趣，才能有耐心和毅力坚持下去，也才能更好地激发大脑中的潜能，让你不断超越自我，走向成功。游戏为我们提供了最好的训练思维的方法。

　　是的，我们坚信思维是玩出来的，逻辑是练出来的，头脑就是这样变聪明的。本书正是坚持这一原则进行了编排和

世界精英都在玩的300个思维游戏

整理，寓教于乐，把深奥的问题融于游戏之中。让你不知不觉提升了自己，获得成长。

本书的游戏内容丰富，形式活泼，难易有别，有的问题看似复杂却有着非常简单的推理。有让人迷惑不解的图形谜题，有运用数学知识及常识解决的难题等等。虽然本书算是一本游戏书，但却并不是一本简单的娱乐书。

书中的300个思维游戏是世界各界精英为全方位提升自己的思维能力而专门设计的，每个游戏都极具代表性和独创性。这些浓缩世界顶尖聪明人的思维训练游戏，将让你在享受乐趣的同时，全面提升自己的观察力、分析力、推理力、判断力、想象力、创造力、变通力、行动力、记忆力、反应力、转换力、整合力、思考力，引发你的头脑风暴。

本书献给千千万万热爱思维游戏的读者朋友们：这是一本思维游戏玩家必备的工具书，是渴望跨入世界名校学子的智慧书，是望子成龙的父母们的魔法书，是渴望提升教学水平的老师们的枕边书。让你在享受乐趣的同时彻底带动思维高速运转，帮你实现心中的梦想。

目录
CONTENTS

世界精英都在玩的

300个

思维游戏

世界精英都在玩的

300个

思维游戏

世界精英都在玩的

300个

思维游戏

世界精英都在玩的

300 个

思维游戏

001 奇怪的数据

一天数学课，老师教学生们测量数据，并希望能够借此机会提高学生们的数学能力。他向学生们解释说，大多数的东西都能够被测量。随后，老师布置了家庭作业，要求学生们自己独立完成一些测量的任务，并把测量的数据写下来。如：计算面积、温度、重量等。总之，平日大家所接触的东西都可以测量。第二日，老师检查学生作业的时候，却发现了一组奇怪的数据：

7+10=5　6+8=2　8+8=4　5+7=12　3+10=1　4+11=3

老师很生气。这么简单的数学知识，自己的学生竟然都会算错。他责问这名学生："你是怎么计算的？6道题只算对了1道。"

但是这名学生却坚持说自己的计算是正确的，并对这些结果做出了一番解释。老师听完这名学生的解释后，不得不承认这名学生是正确的。你知道这名学生的这些数据是怎么得来的吗？

002 五个不孝儿的难题

在一个灾荒之年，可怜的父亲就要面临断炊，所以他不得不求助于五个早已成家立业却没有孝心的儿子。

老大说："老三说过，他们四个里只有一个有钱。"

老二说："老五说过，他们四个里，有两个是有钱人。"

老三说："老四说过，我们五兄弟都没钱。"

老四说："老大和老二都是有钱人。"

老五说："老三有钱，老大曾承认过他有钱。"

老父亲被搞糊涂了。他不知道哪个儿子有钱，至少他还是一位父亲，不想拖累那个贫穷的儿子。这时候，聪明的邻居告诉他：要知道谁有钱是很容易的，要知道，有钱的说的都是假话，没钱的才会说真话。于是，老父亲终于知道了谁才是有钱的那个。那么，通过对五位儿子的话来判断，你是否知道谁是有钱人呢？

003 聪明的教练

在一次欧洲篮球锦标赛上，保加利亚队最后的一场小组赛，必须净胜对手5分才能确保出线，在比赛即将结束时，对方投中，由他们发后场球，这时他们只领先对手2分，当时的规则还没有3分球，时间显然不够了。这时，如果你是教练，你肯定不会甘心认输，如果允许你有一次叫停机会，你将给场上的队员出个什么主意，才有可能赢对手5分以上？

004 烙饼的可行方法

婷婷很喜欢吃油饼，妈妈经常早餐给她煎油饼吃。每次妈妈都会煎3张饼，家里的锅不大，每次只能放2张饼。把饼的一面煎熟需要1分钟，所以3张饼就需要煎2次，花4分钟的时间。

有一天，婷婷看到妈妈又在煎饼，于是很好奇地看着。妈妈仍然按照老办法来煎，婷婷笑着说："其实你用3分钟就可以煎好3张饼的。"妈妈不相信，婷婷于是示范给妈妈看，果然只用了3分钟的时间。

那么，婷婷是用什么方法3分钟就煎好3张饼的呢？

005 幸运的号码

监狱里一共关押着64个犯人。有一天，国王心情大好，决定释放其中的一位犯人。为了寻找乐子，他给这些犯人都编排上了号码，然后让他们围成一个圈。先从1开始数，然后是3、5、7……每隔一个人就让他们站出来，剩下的人继续数。一个聪明的囚犯故意站到了一个位置上，最后正好就剩下了他。你知道他站的号码是几吗？

006 三个客人的身份

一天，小明家来了三位客人。爸爸在客厅和客人们谈话，他让小明在卧室里自己单独玩会儿。小明在卧室里听到了他们的谈话，知道了这三位客人的身份分别是：律师、推销员、医生。又听到了下面几个信息：C客人比医生的年龄大，A客人和推销员并不是同岁的，推销员比B客人的年龄小。根据小明得到的这些信息，你知道A、B、C这三位客人所对应的身份吗？

007 和平分汤法

一间囚房里关押着两个犯人。每天监狱都会为这间囚房提供一罐汤，让这两个犯人自己来分：起初，这两个人经常会发生争执，因为他们总是认为对方的汤比自己的多。后来他们找到了一个两全其美的办法：一个人分汤，让另一个人先选。于是争端就这么解决了。可是现在这间囚房里又关进来一个新犯人，现在是三个人来分汤。必须寻找一个新的方法来维持他们之间的和平。该怎么办呢？

008 "捉弄人"的大钟

从前有一位老钟表匠，为一个教堂装一只大钟。他年老眼花，把长短针装配错了，短针走的速度反而是长针的12倍；装配的时候是上午6

点，他把短针指在"6"上，长针指在"12"上。老钟表匠装好就回家去了。人们看这钟一会儿7点，过了不一会儿就8点了，都很奇怪，立刻去找老钟表匠。等老钟表匠赶到，已经是下午7点多钟。他掏出怀表来一对，钟准确无误，他疑心人们是有意在捉弄他，一生气就回去了。

这钟还是8点、9点地跑，人们再去找钟表匠。老钟表匠第二天早晨8点多赶来用表一对，仍旧准确无误。请你想一想，老钟表匠第一次对表的时候是7点几分，第二次对表又是8点几分？

009 猜猜报纸多少页

从新购买的一份报纸中随意抽出一张，发现第8页和第21页在同一张报纸上。根据这个线索判断，这份报纸究竟有多少页？

010 石碑上的谜题

在一座石碑上发现了一组数学公式，只要填写正确就可以打开一道神秘的大门。石碑背面注释道："9个空白位置只能填写9个不重复的数字，不能运用数字0，使其成为一道正确的等式。"谜题难倒了探险队员，你是否可以填写出来呢？

011 数字纸牌游戏

下面是8张牌，分为左右2列。你能否通过交换两列数字中的2张牌（每一列只可选一张）就可以使它们2列的数字之和相等？

$$\boxed{1}\ \boxed{2}$$
$$\boxed{2}\ \boxed{4}$$
$$\boxed{7}\ \boxed{5}$$
$$\boxed{9}\ \boxed{8}$$

012 妈妈的考验

妈妈要考考兰兰的计算能力，她出了一道数学难题。"兰兰，我们在逛动物园的时候，我看到一个笼子里关着许多的鸟和狮子，我数了一下，一共有36个头，100只脚。你告诉妈妈，笼子里关着多少只鸟，多少只狮子呢？"

亲爱的朋友，这个数学难题是否能够难倒你呢？试试看，你能解答出来么？

013 关于猫的考题

在一座埃及金字塔上写着一道古老的谜题：母猫已经度过它生命中的7条命（埃及人相信猫有9条命）。而它的孩子中，一些度过了6条，一些度过了4条。母猫和小猫们一共还有25条命，一共有多少只猫？

014 疯狂的变形虫

实验室中，烧杯中的单只变形虫往往可以在1分钟内分裂成2个，再过1分钟，2只变形虫将分别分裂，成为4只。如此反复分裂，40分钟后，烧杯中将装满变形虫。

请问：变形虫需要多长时间能够装满烧杯的一半？

015 警察VS小偷

有一个游戏，如下图。警察（网格线圆）在抓小偷（实心黑圆），他们交替着移动，从一个圆圈到相邻的圆圈。如果警察移动时可以把网格线圆放到斜线上，那么就表示警察抓住了小偷。请问，警察能否在10步以内抓住小偷呢？

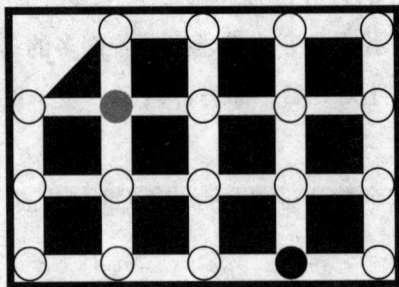

016 金太太受骗记

金太太一大早就去逛宠物市场，她想买一只可爱的宠物陪伴自己。逛了一天下来，金太太看中了一只非常漂亮的鹦鹉，"老板，这只鹦鹉会说话吗？"金太太问道。

"是的，"老板非常肯定地回答，"这只鹦鹉会重复它所听到的每一句话。"

金太太听到这句话非常高兴，于是当即把这只鹦鹉买了回去。但是她苦心训练了几个月之后却沮丧地发现，这只鹦鹉一句话也不会说。她怀疑宠物店的老板欺骗了自己，于是她返回了宠物店质问他。但是结果却是宠物店老板并没有说谎，你知道这究竟是怎么一回事吗？

017 朝南的窗户

能否建造一所房子，使这个房子四面墙的窗户都朝向南呢？

018 未知的挑战

在一个虚拟的游戏世界里，你面临着一场未知的挑战：要么和一只大雷龙搏斗，要么和三只小剑龙搏斗。当然，这是有一定概率的，你有必要知道挑战它们的胜算是多少。战胜一只大雷龙的胜算几率是1/7，战胜一只小剑龙的胜算几率是1/2。

那么，你会选择谁作为你的对手呢，是一只大雷龙或者是三只小剑龙？

019 奇怪的纸片

一堂数学课上，数学老师举起了一张绘有图形的纸片："请问你们看到了多少个正方形？""6个!""回答正确!"

接着，老师又举起同一张纸片："请问同学们，你们看到了多少个正方形？""9个！""回答正确！"

是不是感觉很奇怪呢？为什么同一张纸片竟然会有前后2种不同的答案呢？那么，究竟这张纸片上有多少个正方形呢？

020 符号的含义

表中的每一个符号都代表了一个数字。除了第一列没有给出数字以外，其余的每行、每列都给出了各数字相加得到的和。你能从这些已知的数字中推算出每个符号所代表的数字吗？

★	★	○	○	28
★	★	★	★	24
◆	◆	△	○	42
○	△	◆	★	36
?	34	36	28	

021 生死赌局

莫林、卡巴、菲利普三人之间有着深仇大恨，三人将决定以抽签决斗的方式来做个了断。为了做到"公平、公正"，三个牛仔以抽签的方式来决定开枪的顺序，并约定每人只能开一枪，直到最后活下一个人为止。

不得不说的是，莫林、卡巴可都是远近闻名、百发百中的神枪手，而菲利普的枪法中靶的概率却只有50%。好了，他们的情况说到这了。可以看出来，所谓的"公平、公正"实际上并没有考虑到他们的枪法。那么，你可以根据他们的情况判断出谁最有可能活下来吗？理由是什么呢？

022 毕达哥拉斯的谜题

毕达哥拉斯是古希腊最著名的数学家，他门下有众多的弟子。在一次讲课中，他拿出四架天平分别在两边放上一些几何物体，这些物体只要形状相同，它的大小、重量就相等。毕达哥拉斯问弟子们："你们谁能告诉我，根据前三架天平的状态来推算一下，第四架天平是不是平衡？"众弟子面面相觑，无人能够回答出来。

你能否解答出毕达哥拉斯大师的谜题呢？

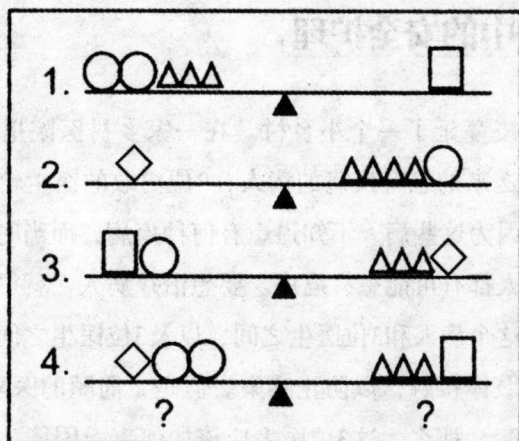

023 巧算时间

煮鸡蛋也需要一定的技巧，那就是需要掌握好煮鸡蛋的时间。一般来说，煮鸡蛋的最佳时间是5分钟的时间，但是现在你手头上没有定时器，没有钟表，只有2个原始的计时工具——沙漏。一个沙漏是4分钟的计时器，一个沙漏是3分钟的计时器。那么，如何运用好这两个沙漏才能计算好煮鸡蛋的最佳时间呢？

024 如何把物资运往前线

二战时期，一个上尉要把一批货物运送到前线去，行程大约是5万公里。他用来运送物资的是一辆军用的三轮车，因为当时的道路并不平坦，车胎的磨损很大，预计每个轮胎的寿命只有2万公里。聪明的上尉合理利用了资源，他准备了5个备用轮胎就出发上路了，而且出色地完成了任务。请问，这个上尉是如何利用这8个轮胎运送军用物资的呢？

025 窘境中的安全护理

可怕的瘟疫蔓延了一个小乡村。在一家乡村医院里，运送来了一个从传染病区送来的患有疾病的病人，3位勇敢的医生轮流上阵给这个病人做治疗。因为这些病人不知道患有何种疾病，而当时瘟疫又如此猖獗，所以任何人都有可能患有瘟疫。要想治疗病人，就得先保证自己的安全。因此，这个病人和3位医生之间，以及3位医生之间都不能有任何直接或间接的肢体接触，以防止感染。但是，简陋的医院里只有2双消过毒的医疗手套，那么，这3位医生应该如何克服困境，做出最明智、最安全的选择呢？

026 到底赚了多少钱

一个商人以50元卖出了一辆自行车，然后又花了40元买了回来，这样显然他赚了10元钱，因为原来的自行车又回到他的手里，又多了10元钱。现在他把他花40元买来的自行车以45元钱又卖了出去，这样他又赚了5元，前后加起来一共赚了15元。

但是，有一个人却认为：这个人以一辆价值50元的自行车开始，第二次卖出以后他有了55元，也就是说他只赚了5元钱。而50元卖一辆车是一次纯粹的交换，表明不赚也不赔；只有当他以40元买进而以45元卖出的时候，才赚了5元钱。

而另外一个人却认为：当他以50元卖出并以40元买进时，他显然是赚了10元钱；而当他以45元卖出时，则是纯粹的交换，不赚也不赔。所以他赚了10元钱。

似乎每个人说的都有道理，那么你认为谁才是正确的呢？

027 深奥的一句话

假设A、B、C、D四个人说真话的概率都是1/3，那么，当A声称B否认C说D是说谎了，此时，D所说的话是真话的概率有多大呢？

028 饭桌上的考题

有三根筷子，三个碗，把这三个碗如下图的方法摆放（每两个碗之间的距离都大于筷子的长度），那么，在不移动碗的前提下，应该如何用这三根筷子将碗连接起来呢？

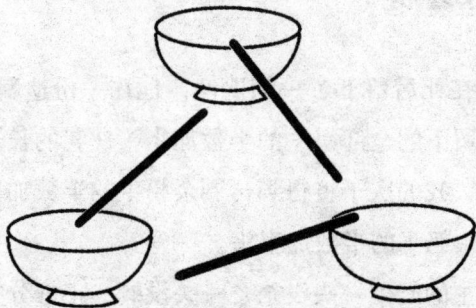

029 爱打赌的夫妇

一对夫妇特别喜欢和人打赌。一天，他们遇到一位智者，三人在一起猜测次日的天气，并愿意为之打赌。

丈夫先对智者说："如果明天不下雨，我给你200元；如果明天下雨，你给我100元。"

在丈夫心里，明天不下雨的可能性小，而明天下雨的可能性大；可是在妻子心里却不然，她觉得明天不下雨的可能性大，而明天下雨的可能性小。于是，妻子对智者说："如果明天下雨，我给你200元；如果明天不下雨，你给我100元。"

如果你是智者，是否愿意与这对夫妇打赌？

030 如何看到对方

有两个人，一个人脸朝向东，另一个人脸朝向西，请问至少需要几面镜子，才能使这两个人相互看得见对方？

031 奇怪的遗嘱

一位农场主在死后留下了一笔遗产，他在一份遗嘱这样写道："我的妻子将得到我留下的全部奶牛的半数加半头，我的长子将得到剩余奶牛的半数加半头，我的次子将得到再剩余奶牛的半数加半头，我的小儿子将得到最后剩余奶牛的半数加半头。"

结果，农场主的奶牛一头没杀、一头没剩，正好分完，让人觉得这个遗嘱真的是巧妙而惊奇。你知道农场主留下了几头奶牛吗？

032 巧分硬币

桌上有23枚硬币，其中10枚正面朝上。假设蒙住你的眼睛，而你的手又摸不出硬币的正反面。如何才能把这些硬币分成2堆，使每堆正面朝上的硬币的个数相同？

033 箭靶上的数字

这个箭靶上有一些数字，你是否可以观察出这些数字的变化规律，然后推算出黑色方块中的数字呢？

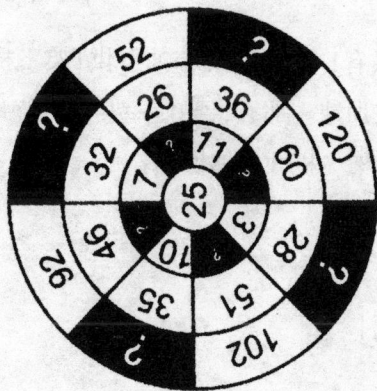

034 财主的遗产

一个财主在临死之际对他的两个儿子说："我有最后一笔财富要留给你们，这是我收藏的9颗宝石。倘若谁能把它们装到4个袋子里，并保证每个袋子里都有单数颗宝石，那么他将得到这9颗宝石中的5颗，另外一人只能得到4颗。"聪明的小儿子很快就想到了方法，得到了财主父亲留下的5颗宝石。你知道他是如何做到的吗？

035 采胡萝卜的小兔子

　　有只小兔子在树林里采集100根胡萝卜，它把胡萝卜扎成一堆要背回家。兔子家离胡萝卜堆有50米的距离，但是小兔子每次最多能背起50根胡萝卜，而且它非常贪吃，只要身上有胡萝卜就会吃个没完，而且每走1米就会吃掉1根。那么，这个小兔子要想把这100根胡萝卜背回家，最多可以带回去多少根呢？

036 不能着陆的飞机

　　假设每架飞机只有1个油箱，1箱油可供1架飞机绕地球半圈，而每架飞机之间可以相互加油。那么，要使一架飞机绕地球飞行一圈而不中途着陆，需要出动几架飞机才能够做到？

037 数字游戏

　　如果在下面这个算式的空格中填入同一个数字（1位数），是数字几呢？

　　9□ × □=6□9

038 "我是大侦探"

　　下面4张图将考验你的判断能力，这是侦探小说中经常会运用到的一种推理智慧。它不仅考验你的观察力，还考验你的想象力。试试看吧。

A图代表12，B图代表9，C图代表6，那么D图表示什么呢？

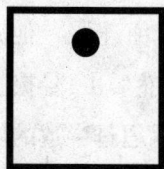 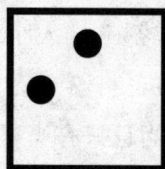 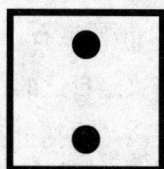 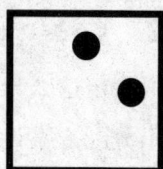

A   B   C   D

039 智慧之石

一群探险者来到了热带雨林深处，发现了一处玛雅人留下的地下洞窟。他们兴奋而又紧张地在洞窟中行进着，突然走到了一个非常宽阔的大殿。大殿四周有9个大门紧闭着，每个门上都标有一个数字。这些数字正好是从1到9，没有重复。

探险者们不敢贸然前进。他们发现大殿中央竖立着一根高高的石柱，上面写着：智者之石。另外，石柱上似乎还有密密麻麻的一堆数字。不用说，这堆数字肯定和开启前进的大门有关系。这些数字到底是什么意思呢？

1 9 4 8 3 7 2 6 5
5 6 2 7 3 8 4
4 3 7 6 5
5 6 4
?

040 宝石大盗

5个海盗抢到了100颗宝石，每一颗都一样大小且都价值连城。他们决定这么分：抽签决定自己的号码（1、2、3、4、5），然后由1号提出分配方案让大家表决（包括自己），当且只有当半数或者超过半数的人同意时，才按照他的方案进行分配，否则他将被扔进大海喂鲨鱼。当然，他们也可以提出由自己下面的海盗进行分配，然后自己仅进行投票表决，这样也就等于放弃了自己得以分配宝石的机会，但是至少可以保住性命。

每个海盗都是很聪明的人，都能很理智地判断，从而做出选择。那么第一个海盗提出怎样的分配方案才能使自己的收益最大化？

041 变通的智慧

铁路系统有规定：旅客可以携带长、宽、高都不超过1米的物品上火车。但是现在你有一根建材管道，它的直径虽然只有2厘米，但是长度却达到了170厘米，所以是禁止携带的物品。但是只要开动一下脑筋，看似不可能的事情也能行得通。你能想个办法使这个不符合规定的建材管道合法地上车吗？

042 不可能的对折

妈妈看到儿子在玩折纸游戏，就微笑地走过来对他说："军军，妈妈给你出一道题，虽然很简单但是你绝对做不到。"

军军一听，很不服气地说："我不信！你出题吧！"

妈妈说："你肯定不能把一张纸对折10次。"军军尝试了一下，真的不行。你知道这是为什么吗？

043 动动脑筋切馅饼

感恩节过后便没有比馅饼思维游戏更好的游戏了。这个题实在是太古老了，许多年前，在第一个感恩节上，布拉德福总督可能在享用甜点的时候玩过这个游戏。你要判断的是：如果在馅饼上切4下。那么，最多可以切成多少大小不同的块呢？

044 皮皮一家总动员

电视台举办《家庭总动员》栏目，皮皮的一家也参加了。其中有一个闯关接力的节目要求全家通过一座只限2人通过的小桥，当一人过桥后，其中一人要返回递交接力棒。

当2人过桥时，所用的时间也只能以最慢的那个人的时间计算。而皮皮一家人的身体素质是有差异的：皮皮是飞毛腿，只要1秒钟就可以过去；弟弟比较灵巧，需要3秒；爸爸稍微凑合，需要6秒；妈妈行动缓慢，需要8秒；爷爷年老体衰，需要12秒。那么，皮皮一家应该如何安排出场顺序才能保证在30秒内全部安然过桥。

045 牙签热带鱼

下图是用8根牙签组成的一条热带鱼，眼睛部分是用纽扣放置而成。让我们为这条热带鱼编织一个小故事吧，快活游弋在海洋中的热带鱼突然看到了迎面游来的一条大鲨鱼，热带鱼要掉转身子开始逃命了。聪明的你为它想个办法，只移动3根牙签和纽扣眼睛就使它朝反方向游走。

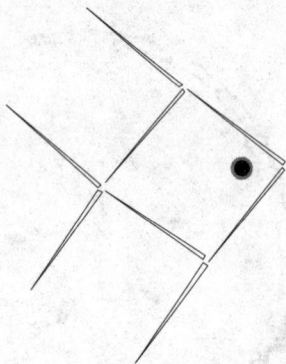

046 绝境逢生

一位探险家去寻宝，在一大片原始森林里迷了路。他在里面走了很久，一直也没有找到路径。慌忙中，他如同无头的苍蝇一样四处乱撞，竟然来到了一个三岔路口。只见第一个岔路口的指示牌上写着："这条路通向出口。"第二个岔路口的指示牌写着："这条路不通向出口。"看到这里他刚想拔腿走向第一个岔路口时，却瞥见第三个岔路口的牌子上写着："另外两个路口上写的话，一个是真的，一个是假的。"这句话如同一盆冷水，让他突然有了泄气的感觉。这可如何判断呢？

"神啊，请你不要这么愚弄我，给我一个明确的指示吧！"探险家无奈地祈求道。突然，天空中传来一个隆隆的声音："根据第三个牌子的话寻找正确的道路吧！"

天神给了探险家一个生机，聪明的探险家终于寻找到了走出原始森林的道路。你知道他选择了哪条道路吗？

047 小老鼠闯迷宫

老鼠Jerry应该如何通过层层管道才能吃到美味的蛋糕呢？

048 只差1厘米

公司派遣了两个职员运输一批货物南下。他们先驾驶着卡车到一艘货轮上，卡车上的货物很高，当要通过一个过街天桥时，他们才发现货物刚刚高过桥洞1厘米。如何是好？因为货物已经捆绑好了，卸装货物是非常费时费力的一件事。其中一位聪明的职员想到了一个好办法，轻轻松松就通过了这个桥洞。

把货物装载到货轮上，他们又负责看管货物到目的地。真是运气不佳，这次货轮通过一座铁路大桥时，竟然又遇到了同样的情况，货物也是刚刚高过桥洞1厘米。要变更航道将会拖延交货的日期，这可急坏了两个职员。焦急之间，那个聪明的职员又想到了一个好办法。不消一会儿就安然通过了桥洞。

你知道前后两次，他们是如何通过不同的桥洞的吗？

049 食品店老板的奖赏

食品店的老板非常喜欢聪明的孩子，每个星期，他都会出一些智力题来考验来食品店的孩子们。谁要答对食品店老板的题目，就可以得到他的奖励。这一次，食品店老板拿出了9个苹果，他让孩子们把这9个苹果排成10个组合，每个组合都有3个苹果。限定的时间为15分钟。快来帮助这些孩子达成心愿吧。

050 间谍行动

第二次世界大战期间，西班牙保持中立，马德里的一个旅馆经常有战争双方的间谍居住，而在那里，西班牙的一个便衣警官也会监视着他们。以下是1942年的某天晚上旅馆第1层的房间房客分布情况，你能说出各个房间被间谍占用的情况以及他们都分别为谁工作吗？

（1）英国M16特务的房间在加西亚先生房间的正对面，后者的房间号要比罗布斯先生的房间号小2。

（2）6号房间的德国SD间谍不是罗佩兹。

（3）德国另一家间谍机关阿布威的间谍行动要非常小心，因为2号、3号、6号的人都认识他。

（4）毛罗斯先生的房间号要比苏联GRU间谍的房间号大2。

（5）法国SDECE间谍的房间位于鲁宾和美国OSS间谍的房间之间，美国OSS间谍的房间是三者中房间号最大的。

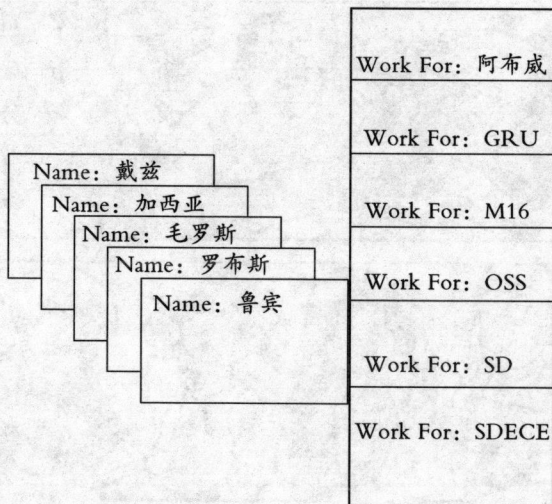

051 魔鬼的寿命

阿凡提牵着小毛驴经过一个沙漠，突然在前方发现了一盏神灯。神灯上写着这样的几句话："我是一个被上帝打入凡间的魔鬼。我的一生中，前1/7是快乐的童年。过完童年，我花了1/4的生命钻研魔法。在此后的时间里，我建立起了自己的王国，又过了5年，我开始与上帝作战。可惜我的王国在世上的光阴只有我生命的一半。战争结束后，我在忧伤与绝望中度过了9年，结束了自己的一生。"

通过神灯上所提供的信息，你能计算出魔鬼在世的时间是多久吗？

052 对号入座（一）

你能根据下面图片中每个人所给出的提示，判断出每个孩子的爸爸分别是谁吗？

053 蜗牛比赛

两只蜗牛比赛百米赛跑，当甲蜗牛到达终点的时候，乙蜗牛才跑了90米。现在如果让甲蜗牛的起跑线退后10米，让这两只蜗牛再次同时起跑，若这两只蜗牛的速度都不变。请问，甲、乙两只蜗牛是否可以同时抵达终点？

054 对号入座（二）

根据题目给出的条件，你能否判断出下面那些小偷究竟都是被哪位警察给抓住的？

055 "抢30"

花花和春春喜欢玩一种"抢30"的游戏。游戏规则很简单：两个人轮流报数，第一个人从1开始，按照顺序报数，她可以只报1，也可以报1、2；第二个人再接着第一个人的数报下去，但最多只能报两个数（第二个数只能是第一个数的后一位数），不能不报数。例如，花花报了1，春春可以报2，也可以报2、3；花花如果报的是1、2，春春可以报3，也可以报3、4。如此轮流报下去，谁先报到30谁就胜利。

花花很大度，每次都让春春先报数，但是每次胜利的却总是花花。春春觉得其中肯定有诈，于是坚持要花花先报数，结果还是花花胜利的次数居多。

你知道花花胜利的秘诀是什么吗？

056 数苹果

有一堆苹果，如果是按照每10个为一单位来数，则剩下9个；如果按照每9个为一单位来数，则剩下8个；如果按照每8个为一单位来数，则剩下7个；如果按照每7个为一单位来数则剩下6个；如果按照每6个为一单位来数则剩下5个；如果按照每5个为一单位来数则剩下4个；如果按照每4个为一单位来数则剩下3个；如果按照每3个为一单位来数则剩下2个；如果按照每2个为一单位来数则剩下1个。

那么，你知道这堆苹果至少有多少个吗？

057 推算年龄

1993年的某一天，王先生度过了一个美妙的时刻，这一天正好是他的生日，并且他此时的年龄正好是他出生年份的4个数之和。你能推算出他是哪一年出生的吗？

058 三个孩子

作家埃姆斯在街头寻找创作的灵感，走过灯火辉煌的罗马帝国宾馆，他在转角位置看到几个可爱的孩子在玩耍，他和这些孩子们打了招呼，很快就熟悉起来。最后，他问及这些孩子们家里的情况。这些孩子似乎有意考验一下这个大作家，每人都把自己的家庭情况以谜题的方式说了出来。

第一个孩子说："我有1个弟弟和1个姐姐，我们家有几个孩子？我是姐姐又是妹妹，我们家有几个男孩，几个女孩？"

埃姆斯笑了。第二个孩子接着说："我有2个姐姐和1个弟弟，我是哥哥又是弟弟，我们家有几个男孩，几个女孩？"

第三个孩子迫不及待地接嘴说："我比第一个孩子少一个姐姐，多一个哥哥，我是姐姐又是妹妹，我们家有几个男孩，几个女孩？"

聪明的埃姆斯当然很快猜到了他们的情况，并由此寻找到了创作的灵感。你知道这些孩子每个人家里的情况吗？

059 神秘的推算法

有一位陌生的叔叔询问小可的年龄，小可摇摇头不告诉他。这位叔叔笑着说："那好。你学过除法的吧？可以把你年龄分别除以3、5、7后得到的余数告诉叔叔吗？"小可想了想，然后算了半天，并把数字告诉了这位陌生叔叔。没想到，他很快就说出了小可的年龄。这让小可非常的惊奇。你知道这位叔叔是如何做到的吗？

060 倒霉的店主

有一天，杂货店里来了一位客人，挑了一件标价25元的货物（实际价值10元），拿出100元钞票给店主。店主找不开，就到隔壁店里找人把这100元钱换成零钱，然后回来找给顾客75元钱。过了一会儿，隔壁店的老板慌慌张张跑来，告诉杂货店的店主他给自己的钞票是假钞。店主马上找了一张100元钱补给隔壁店的老板。事后，杂货店的店主唉声叹气道："今天真倒霉，赔了货物，还给那人75元钱，最后自己又垫进去100元钱。赔进去200元钱，真是亏大了。"

那么，这个杂货店的店主说的对不对呢？

061 不可行的对照法

兰兰买了一块新手表，她对照了一下家中的挂钟时间，发现新手表每天比挂钟的时间慢3分钟。第二天，她突然想起这件事情，把挂钟和电视上的标准时间对照了一下，发现挂钟每天刚好比标准时间快3分钟。于是，她很淡定地认为新手表是标准时间。妈妈发现了兰兰的举动，询问了一番，笑兰兰是个小傻瓜。难道兰兰真的错了吗？

062 动物运动会

森林里的动物们隆重地举办了一场"动物运动会"，竞赛项目分为A组——比赛陆地功夫，B组——比赛水上功夫。总共有50只不同种类的动物参加，其中40种动物参加了A组的比赛，31种动物参加了B组的比赛，有4种动物弃权。请问，有多少种动物只参加了A组的比赛，有多少种动物只参加了B组的比赛？

063 食堂老板的玩笑

有8位要好的同学经常相约一起到食堂吃饭，渐渐地，他们和食堂的老板就混熟了。食堂老板有一天突然打趣地对他们说："你们是我食堂的常客，看在我们很熟的分上，我给你们一些优惠。只要你们每人每天来吃饭的时候，都交换一次位置，直到你们8个人的排列顺序再次重复的时候，我就免费请你们吃饭，只要你们想吃的东西我都给予免费!"同学们一听很是兴奋,认为食堂老板是在开玩笑,但是食堂老板却信誓旦旦地做了保证。于是,他们乐滋滋地吃完饭,一起讨论着这件事回宿舍了。食堂老板摇摇头说:"哎,只要他们数学水平好一点,就知道他们根本就不可能做到的。"

你知道食堂老板为什么这么说吗?

064 大侦探的考验

大侦探罗斯和助手梭哈步行在街头,他们要到3号街区办理一件事情。此间,他们要穿过几条街道,他们边走边聊。罗斯问梭哈:"梭哈,我突然想到一道题,可以考你一下。你注意到从我们身边驶过的公交车没有?"梭哈看了一眼街道,回答:"是的。从我们前面驶来的公交车大约每2分钟一趟,从我们身后驶来的公交车大约每8分钟一趟。"罗斯微笑着问:"很好,那你告诉我,这趟公交车几分钟发一次车呢?"

065 小小侦探家

豆豆是个侦探小说迷,最崇拜的偶像就是福尔摩斯。虽然如此,他也不忘抓紧功课,按时完成老师布置的作业。有一天,他正忙着做功课时,突然房间里的电灯全部熄灭了——停电了。豆豆的作业还没有完成,于是他点燃了书桌里储备的2支新蜡烛,继续写功课。

第二天,豆豆和同学聊起昨天停电的事情,同学们唧唧喳喳地说出不同的停电时间。豆豆也没有注意昨天到底停电多久,因为他既没有看停电的时间,也没有看来电的时间,而且也不知道蜡烛到底有多长。他只记得两支蜡烛是一样长的,但是粗细却不同。粗的那支蜡烛燃尽需要5小时,细蜡烛燃尽需要4个小时,但是昨天两支蜡烛是一起点燃的,剩下的蜡烛都很小了。豆豆记得,残余的一支蜡烛的长度是另一支的4倍。

豆豆想了想，发挥了自己聪明的头脑，很快知道昨天停电的时间了。你知道豆豆家停电的时间是多久吗？

066 老财主分地

一个老财主家里有一块地，形状如下图。这个老财主有3个儿子，他想把这块地平均分给3个儿子，避免他们相互争执不休。但是面对这个问题他犯了难，这可如何分呢？请你来为他想想办法吧。

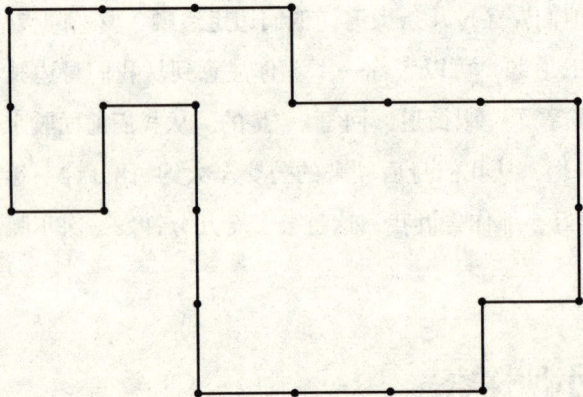

067 伟伟考试记

伟伟参加了一次录用考试，考试题目只有5道题，但是却有100人参加。过了几天，伟伟遇到了一同参加考试的方方，询问最后的结果。因为必须通过第一轮的考试才能进入下一轮的复试，也就是这一次的考试必须要答对至少3道题才算及格。方方给了他一张单子，"这就是结果了。"伟伟看了一下，1、2、3、4、5道题分别有80、72、84、88、56人答对。

"那么，有多少人及格了呢？"伟伟问道。

"说了这就是结果了。"方方边回答边匆忙地走掉了。

你知道这次考试至少有多少人及格了吗？

068 抓不住的"飞毛腿"

黑猫警长有一个强劲的对手"飞毛腿"，这只老鼠奔跑的速度十分惊人，比黑猫警长还要快，几次都被它逃脱了。一次偶然的机会，警长发现"飞毛腿"在湖里划船游玩，这可是一个很好的机会。这个圆形小湖半径为R，"飞毛腿"划船的速度只有黑猫警长在岸上速度的1/4。警长沿着岸边奔跑，想抓住要划船上岸的"飞毛腿"。这次"飞毛腿"还能不能侥幸逃脱呢？

069 古希腊的符号

在古希腊的很多建筑上都会发现一种很特殊的符号，它是由圆和一些三角形组成的（如下图）。这个图可以用一笔画出来（任何线条都不重复勾画）。你知道如何画出来的吗？

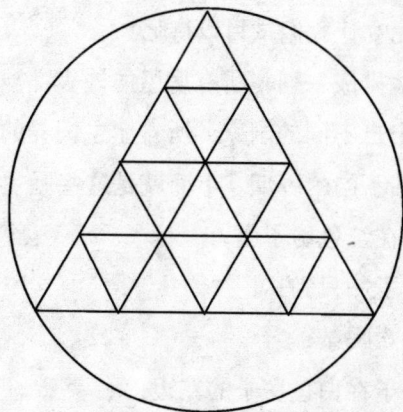

070 千里寻一

一个国王的酒窖里收藏了1000瓶上好的红酒，这是他为自己的六十大寿准备良久的礼物。第二天便是国王的六十大寿，国王却得知了一个不好的消息。根据可靠情报，有人在国王酒窖里，对其中一瓶红酒下了毒，但是下毒者已经畏罪自杀。根据下毒者身上所剩余的毒液检测，这种毒是慢性毒药，凡是沾到者要在20小时后才开始表现出异样并无药可治（哪怕只沾到一滴也是如此）。距离国王的大寿还有23小时的时间，国王可不想冒着千分之一的危险喝到那瓶有毒的红酒。怎么办呢？

国王的近身侍卫出了一个主意，可以用牢房里的死囚来检验毒酒。但是又一个问题出来了，最少需要多少个死囚才能检验出毒酒呢？

071 爱因斯坦的谜题

这道题是伟大的思想家、哲学家、物理学家爱因斯坦留给后人的一道颇具难度的考题。很多人努力寻找谜题的答案，但大都失败了。你是否是幸运的测试者呢？让我们拭目以待吧！

五间房子整齐地排成一列，所有房屋的外表都被粉刷上了不同的颜色。所有的屋主都来自不同的国家，所有屋主饲养的宠物也都不同。他们喝不同的饮料，抽不同的香烟。下面就是这些屋主们的介绍：

（1）英国人住在红色房子里；

（2）瑞典人养了一只狗；

（3）丹麦人喜欢喝茶；

（4）绿色的房子在白色房子的左边；

（5）绿色房子的屋主喜欢喝咖啡；

（6）抽Pall Mall香烟的屋主养鸟；

（7）黄色屋主抽Dun Hill香烟；

（8）位于中间房子的屋主喜欢喝牛奶；

（9）挪威人住在第一间房子里；

（10）抽Blend香烟的人在养猫屋主的隔壁；

（11）养马的屋主住在抽Dun Hill香烟屋主的隔壁；

（12）抽Blue Master香烟的屋主喜欢喝啤酒；

（13）德国人抽Prince香烟；

（14）第二间房子是蓝色的；

（15）只喝开水的人住在抽Blend香烟屋主的隔壁。

那么，最后的问题是——哪位屋主养鱼呢？

072 麦蒂的敞篷车

听说好朋友麦蒂买了一辆新的敞篷车，她的三位好朋友拉着麦蒂谈论起新车的颜色。

甲说："一定不会是红色的。麦蒂不喜欢红色的。"

乙说："不是银色的就是黑色的。"

丙说："那一定是黑色的。"

麦蒂在一旁笑了笑，说："你们三个人至少有一个人说对了，至少有一个人说错了。"

根据麦蒂的话你可以判断出她新买的敞篷车是什么颜色吗？

073 嫌疑犯的回答

三位嫌疑犯被警察带到了警察局进行问讯，他们三人对同一案件展开了辩解，其中有人说谎，有人说了实话。警察最后一次对他们进行了求证。

问甲："乙在说谎吗？"甲回答："不，乙没有说谎。"

问乙："丙在说谎吗？"乙回答："是的，丙在说谎。"

那么，当警察问丙："甲在说谎吗？"丙会做出什么样的回答呢？

074 小狗卡卡

小狗卡卡被关在一个房间里，这是主人为它设计的一个奇妙迷宫。房间的布局图如下，每个房间里都有一块骨头，小狗卡卡依次吃完所有的骨头后就可以从A门出来。但是这个迷宫都有自动识别功能，也就是说，小狗卡卡只能从每扇门穿过一次，这扇门就将长久性关闭。小狗卡卡应该如何穿过这些门，才能吃完房间里所有的骨头，并成功通过A门呢？

（提示：从出口A门倒着寻找路线，这样成功率就会大一点。）

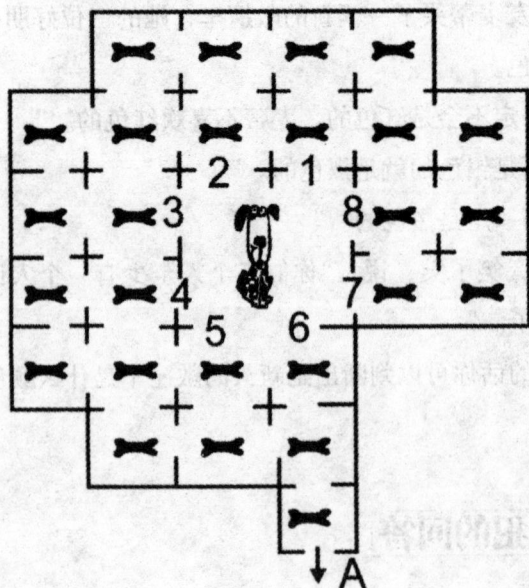

075 救命药片

如果你一个人被囚禁在一座孤岛上，救援人员将会在10天后到达。你有A和B两种药片，每种10粒。每天，你必须每种药片各吃一片才能活到第二天，但是你却不小心把这两种颜色一样的药片混杂在一起了。这时候，你要想活到救援人员到来，你应该如何做？

076 棋盘上的棋子

你能把这5个棋子放在5×5的棋盘上，使这5个棋子两两之间不同行、不同列、不同线吗？

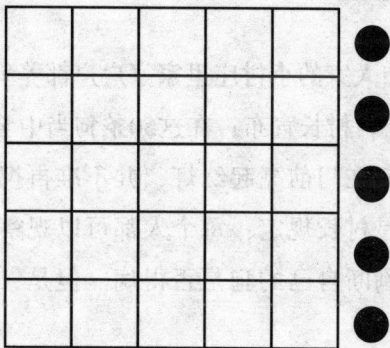

077 说谎的部落

在非洲某个地区有两个奇怪的部落，第一个部落的人每逢周一、三、五就说谎，另一个部落的人每逢周二、四、六就说谎，在其他的日子他们都说实话。

有一天，一位探险家来到这个奇怪的地区，见到了两个人，他们分别属于这两个部落。探险家向他们询问今天是星期几，两个人并没有明确告诉他，都只是说了同一句话："前天是我说谎的日子。"那么，这一天究竟是星期几呢？

078 接水的时间

非洲的干旱地区非常的缺水，那里的人们经常用水桶来接宝贵的雨水。没风的时候，雨点都是垂直落下来，每30分钟就可以接满一桶。一次下雨时，刮起了大风，雨水下落的时候偏斜了30°，如果这次雨水的大小不变，那么需要多长时间才能接满一桶呢？

079 村中的病狗

在一个拥有50户人家的小村庄里家家户户都养狗，而且每家都仅有一只狗。突然有一天，村长宣布：在这50条狗当中至少有一条病狗，发现病狗的主人要立刻在门前亮起红灯，并不准再携狗出来。于是人们开始寻找病狗，但是村长规定：每个人都可以观察其他的49条狗，通过观察别人的狗来判断自己的狗是否得病。但是，观察后的结果不能告诉别人。

就这样，第一天没有人亮红灯，第二天没人亮红灯，第三天传来警报声——红灯亮了。那么请问有几只病狗呢？

080 难念的行号

有一家商行叫做"行行行"，顾客们却常常读错这家店铺的名字。于是，行主便贴了一张告示在门口，曰："凡读对本商行名称的顾客，买一送二。"结果，顾客们蜂拥而至，生意越来越兴隆。

在《现代汉语词典》里，"行"有四种读音：

①读xíng，如行李、行善、行云流水、德行等；

②读háng，如银行、行业、行当、行情等；

③读hàng；

④读héng，如"道行"，本意指僧道修行的功夫，喻指人们已经练就的技能本领。

读者朋友，请你根据上述"行"的读音及其意义，思考一下这个"行行行"的商行名称应该如何拼读呢？

081 最省时的巡检路线

一个警卫负责看守一个非常大的仓库，这个仓库由15个房间组成。每个相邻的房间之间都有一道门。这个警卫每天要从入口来来回回巡视，然后走到管理室休息。但是，这样的巡视方法肯定是费时费力的，所以他就琢磨着应该如何花费较少的时间巡视完所有的房间，这就需要每个房间只进出一次。

他应该如何巡视才能花费最少的时间检查完所有的房间呢？

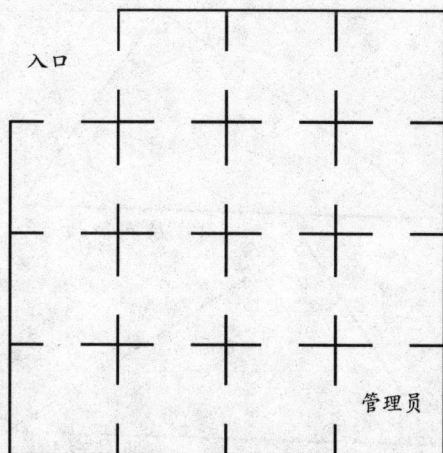

入口

管理员

082 两人的赌局

1颗骰子共有6个面，分别刻有1~6六个点数。

A与B打赌说："如果连续投掷骰子4次，那么，这4次中必定有一次是1点的（即1点的那面朝上）。"

B不以为然，他说："如果连续投掷4次，要么每次都不出现1点，要么这1点出现的次数大于1。"

他们两人谁最有可能胜得这场赌局？

083 重剪地毯

小明家有一房间需要铺地毯，这房间是一个三边各不相等的三角形。但是当妈妈去买地毯的时候，不小心把地毯剪错了。如果把这块地毯翻过来正好可以铺在房间地上，但是大家知道，地毯是有正面和反面的。没有办法了，只好把地毯剪开，重新组合成地面的形状。请问，怎么裁剪这块地毯，才能使地毯正面朝上，并且裁减的块数最少呢？

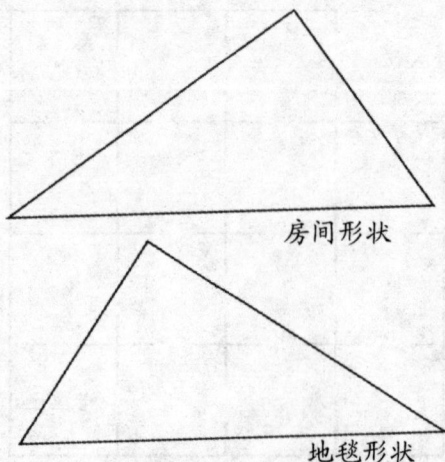

房间形状

地毯形状

084 一点生辉

请试着在下面的三段文字中加入恰当的标点符号，使三段文字能够读懂，并具备一定的逻辑或者情景画面。

（1）是不是不是是不是不是是不是是

（2）是是不是不是不是是是不是不是是

（3）不是是不是是不是是是不是是不是不是是

085 重返人间

英雄凡赛尔得到上帝的特赦，可以从冥界走向阳间。但是这条还阳的道路却并不是这么容易的，它还需要考验一个人的智慧。凡赛尔来到岔路口，这是两条道路，上帝指示说："一条回到冥界，一条通往人间。路口的两位天使可以给你提示，但是，一位是堕落天使，只说谎言；一位是仁义天使，只说真言。他们每人只能回答你的一个问题。运用你的智慧，找到重生的道路吧，我的孩子。"

如果让你做出选择，你接下来应该如何询问这两位天使呢？

086 获奖金额

在美国，有一周的彩票中奖者是一个由10个人组成的联合会。中奖金额是277.5万美元。他们为联合会缴纳的资金数量不同，因此他们各自所得的奖金要根据缴费的多少进行计算。如果缴费额都不相同，但是每一个等级之间的现金差额都是相同的，那么，缴费最低的3个人的奖金额总和等于缴费最高的两个人的资金总和。那么获得奖金第二的人最高可以获得的金额数目是多少？

087 骑士骑马图

运用你的想象力，你能否把印有骑士的纸带放到印有马儿的纸片上，组成一幅骑士骑马的画面？

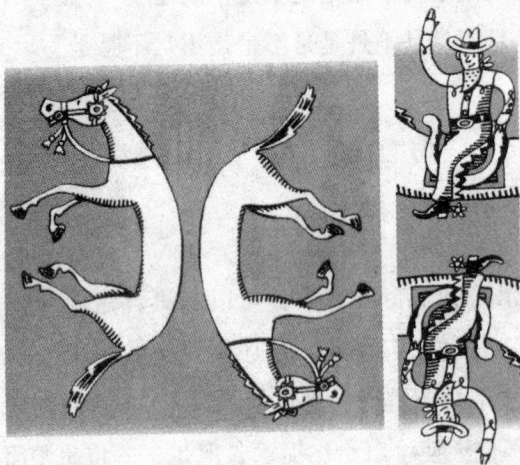

088 最难的十道题

涂涂的爸爸是个学识渊博的学者，他总是喜欢出一些或难或易的问题考察一下涂涂。一次，爸爸问了如下的一些问题：

英法"百年战争"打了多久？

巴拿马帽（Panamahat）是哪个国家制造的？

猫肠（Catguts）是用哪种动物制作的？

俄国人在哪一个月庆祝十月革命的？

骆驼毛刷（Camel's hair brush）是用什么毛制作的？

太平洋的金丝雀群岛（Canary Islands）是以什么动物命名的？

英皇乔治五世（King George VI）的名字是什么？

紫织布鸟（Purplefinch）是什么颜色的？

中国醋栗（Chinese gooseberry）是哪国出产的？

客机上的黑匣子（Black box）是什么颜色的？

淙淙一听，回答得很是轻松，但是结果却是全部错误。你来试试看，能回答对几个呢？

089 多米诺骨牌桥

乍一看，这种结构的桥（图中用多米诺骨牌搭出）是搭不出来的，因为还没搭几块，桥就会重心不稳而倒塌。可是，如果脑子里有正确的思路，搭这座桥将是轻而易举的。

090 瓢虫先生和瓢虫小姐

瓢虫先生和瓢虫小姐在花瓣上相遇了。

"我是个男孩。"七个斑点的瓢虫说。

"我是个女孩。"九个斑点的瓢虫说。

然后它们狡黠地笑了。因为它们两个中至少有一个在撒谎。你能从它们的话中判断出谁是先生，谁是小姐吗？

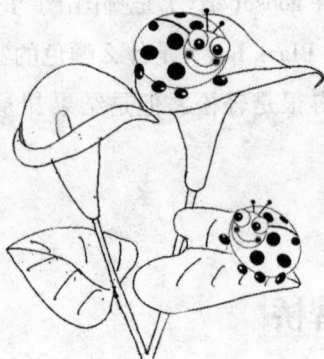

091 楼房和天空

这是一幅楼房和天空的拼，它们组合在一起就是楼房矗立在天空中的样子。你能把楼房（上图）和天空（下图）完美地拼合在一起吗？

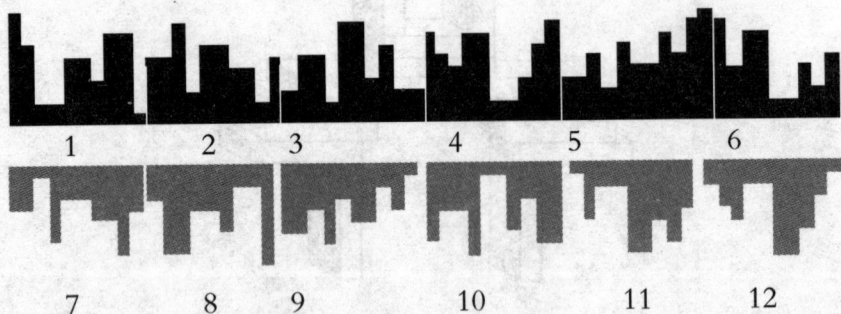

092 忘记的电话号码

两位久未见面的好友在酒吧邂逅，一番热情的谈情叙旧，他们相约第二天再次联系，相互拜访。第二天早上，A突然发现自己没有记下B的联系方式，只记得B的电话号码里的数字是没有重复的，由2、3、4、

5、6、7、8组成，但是顺序不记得了。

如果A随即拨打这个由7位数字组成的电话号码，那么，正好打到B那里的机会是多少？

093 放混的帽子

三位先生把帽子寄存在酒店的前台，但是服务员小姐不小心把这三位先生的帽子放混了，这还不是最糟糕的，糟糕的是这三位先生的帽子竟然是一模一样的，服务员根本不知道如何区分它们。这可如何是好？服务员小姐只能等他们来的时候自己取拿帽子了，请问，三位先生正确取走自己帽子的几率是多少呢？

094 水果组合

一个水果市场上，摊位前陈列着3种水果组合（见下图），每种都有一个标价。假设你只要一个苹果、一个香蕉、一个橘子，你能推算出你应该交付多少钱吗？

A=2
O=3
B=4

$1.45

A=3
O=4
B=2

$1.30

A=4 O=2 B=3

$1.30

（A=苹果，O=橘子，B=香蕉）

095 一笔成画

拿一支铅笔，你能一笔画出这5个正方形吗？要求是不能重复画过的线，也不能穿过画好的线。

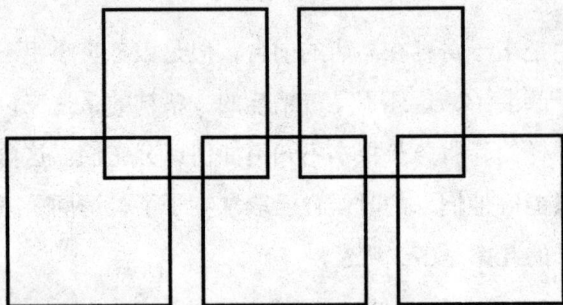

096 数字组合

只用3个"2"，你能组合出的最大数是多少？

097 墙体改造

忍者鹿丸的特殊能力是操控阴影，只要有物体的影子，他就可以操控影子随意地攻击敌人。但在一次执行任务中，鹿丸却中了敌人的埋伏，这是一个花园，花园中有12堵墙，所有的墙体都由一盏灯照亮。这盏灯在花园的中心位置，所

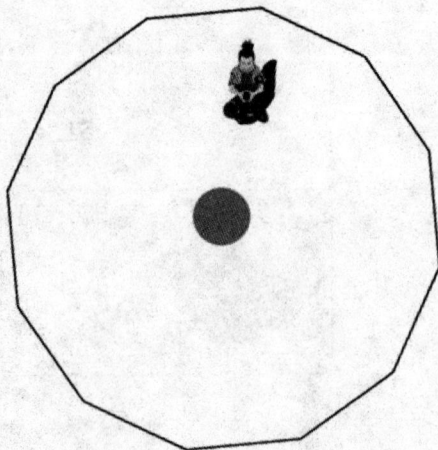

以花园中除了人影外，是没有任何可以利用的影子的。

墙体是用特殊材料制作的，破坏不了，而且好好利用将成为有力的工具。花园的灯是产生影子的光源，现在唯一可行的方法就是利用搭档的忍术重新排列墙体。那么，应该如何排列这12堵墙，才能使所有的墙都有影子呢？

098 猜猜它是啥

通过下图各种动物的排列规律，猜出空格问号处应该填补的是哪种动物？

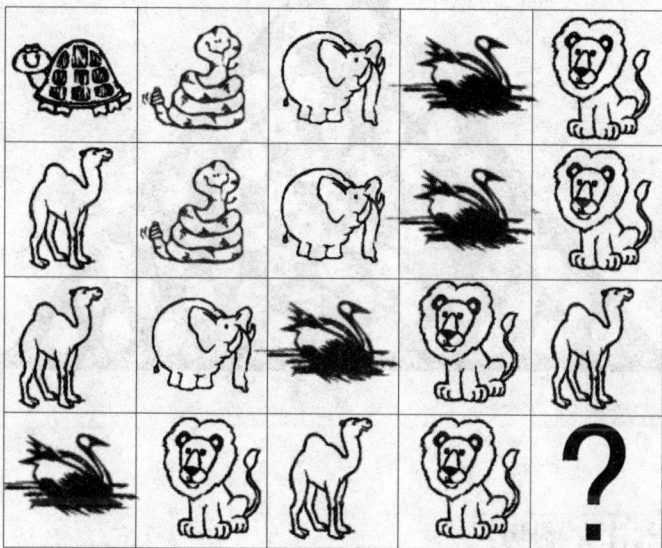

099 只要2两酒

酒坊里出售有名的"女儿红"，很多人慕名而来。有一刁钻之徒有意为难酒坊里的老板娘。此人明明知道酒坊里只有两种勺子，分别舀取7两酒和11两酒。但是他却硬要老板娘给他舀个2两出来。聪明的老板娘微微一笑，用两个勺子在酒缸里舀来舀去，并倒来倒去的，居然真的舀取出2两酒来。你知道老板娘是如何做到的吗？

100 帕斯卡三角形

下面这个图形被称为"帕斯卡三角形"，你能否发现这里所给的数字在三角形中的逻辑规律？根据你所发现的规律完整地填完最后两行，或许你能够添加更多的行。

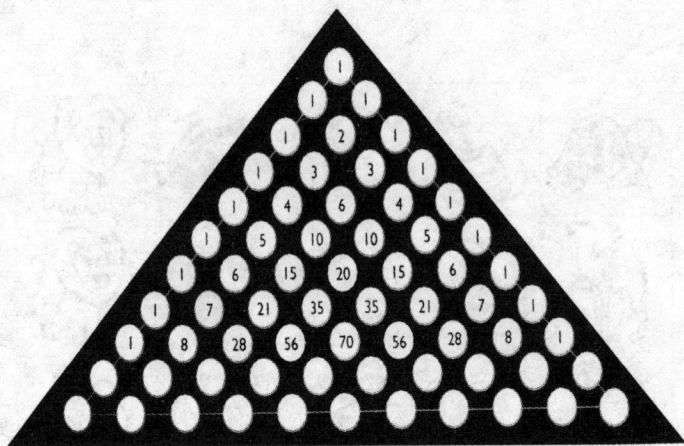

101 木工的酬劳

林员外家里要做一系列的木工活，他请来京城有名的巧手师傅。他们约定好的条件是，木工师傅为林员外做工7天，酬劳是1根金条。但是双方毕竟是第一次合作，还是日结日付比较省心。所以，林员外取来工具把这根金条分成了3段，每日都付给木工师傅当日的酬劳，既不拖欠也不多付，正好7日结算清楚。请问，林员外是如何分金条的，又是如何支付这笔酬劳的呢？

102 字母间的联系

读者朋友们，现在你要认真地、睁大眼睛盯着这些字母，你能发现实心字母（C、B、E、K、D）和空心字母（A、T、Y、M、U、W）分别有什么共同特点吗？不要着急，这道题可以考察和培养你的观察力。

ATY
CBE
MUW
KD

103 多少瓶汽水

1元钱可以喝一瓶汽水，喝完2瓶后，可以用2个空瓶换一瓶汽水。如果你口袋里有20元钱，那么你可以喝到多少瓶汽水？

104 消失的1元钱

3个人去旅馆要了3个房间，每一间房付费10元，于是他们一共付给老板30元钱。第二天，老板发现房屋的供水有问题，所以决定退还他们5元钱。于是，老板叫服务员把5元钱退还给这3位客人。谁知道服务员比较贪财，只退还给每位客人1元钱，自己偷偷留下了2元钱。这样一来，便等于那3位客人每人只花费了9元钱，也就是一共花去了27元钱来住宿。再加上服务员侵吞的那2元钱，总共是29元钱。可是当初他们一共交纳了房费30元钱，那么还有1元钱哪里去了呢？

105 坏掉的8号电话亭

在一个维修工的职责范围内共有15个电话亭。负责维修的主管告诉他，前8个电话亭中有5个需要修理，并让这名修理工先尝试修理一下其中的一个。维修工听后，径直朝着8号电话亭走去。你知道他为什么如此肯定这个电话亭是坏的吗？

106 看图"识"字

你能读出下面图形中的单词吗？"它"是什么？

107 邻居的谈话

一天早上，村长隐隐地听到隔壁的邻居的对话声，丈夫对妻子说："我想卖掉75只小鸡，这样的话，咱们的鸡饲料还能维持20天。"妻子说："我不同意，我想再买进100只小鸡，这些饲料足够维持它们15天的。"

通过他们的对话，您能判断出邻居家到底养了多少只小鸡吗？他们的鸡饲料又能维持现有小鸡数量多久呢？

108 掷币中的数学规律

但凡对赌有一点点兴趣的人，都喜欢在拿不准主意的时候进行掷币，以此来"听天由命"。如何进行呢？就是两个人轮番投掷同一枚硬币，谁投掷到正面朝上就听谁的主意。但是，这其中也是有一些数学规律在里面的，如果不是在硬币上做手脚，你知道谁胜利的几率更大一些吗？

109 抓果冻

公司给每位员工发了一桶果冻，其中有红色、绿色、黄色三种颜色。现在你闭上眼睛开始抓取自己桶里的果冻，请问，至少需要抓多少个就可以确定其中肯定有两个同一颜色的果冻？

110 四个女巫

中世纪的一个小村庄里，4个巫婆分别霸占了村子里的4幢别墅。根据下面的线索，你能判断出每幢别墅里女巫的名字、年龄以及巫婆饲养的猫的名字吗？

（1）马乔里住在86岁巫婆的东面，这个巫婆有只叫颇里安娜的猫。

（2）罗赞娜刚刚活到80岁。

（3）凯特的主人住在村里池塘后面的2号别墅里，她总是用诡异，甚至说是邪恶的眼神从密室的窗户往外偷窥。

（4）3号别墅的主人75岁，她的猫并不是托比。

（5）人们常常称呼塔比瑟的那只老猫为尼克。

（6）和格丽泽尔达住得最近的巫婆已经71岁了。

North

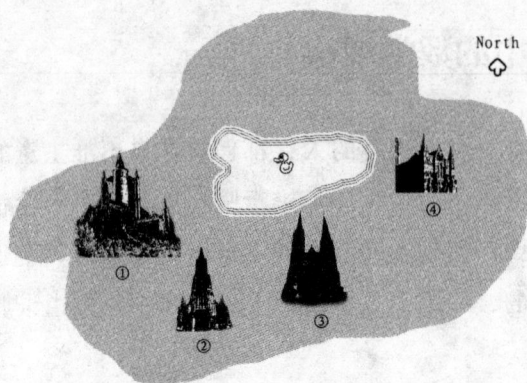

	格丽泽尔达、马乔里、罗赞娜、塔比瑟
年龄	71岁、75岁、80岁、86岁
	凯特、尼克、颇里安娜、托比

111 烧香看时间

有两根样子一样的香，但是因为材料分布不均匀，它们每根上下燃烧速度是不一样的。最终烧完一根香所用的时间为1个小时。那么，你用什么方法可以用这两根香来确定15分钟的时间？

112 一场演出的座次

在一次演出中，某家剧院的前三排座位的中间4个座位都满员了。从下面给出的线索中你能判断出每个座位上都坐的谁吗？

a．皮特坐在安吉拉的正后方，在亨利的左前方。

b．妮娜在B排的12号座。

c．每排4个座位上均有2男2女。

d．玛克辛和罗伯特在同一排，但要比罗伯特靠右边2个位置。

e．坐在查尔斯后面的是朱蒂，朱蒂的丈夫文森特坐在她的相邻右手边。

f．托尼、珍妮特、莉迪亚3人分别在不同的排，莉迪亚的左手边是个男性。

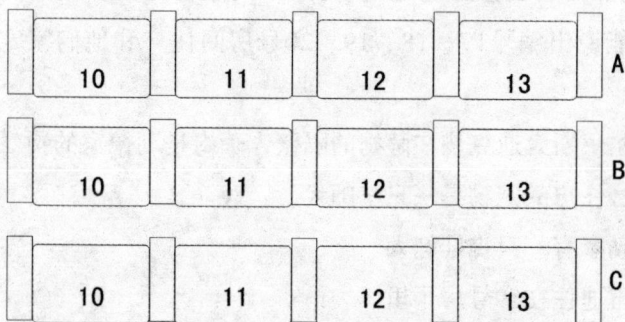

👤 安吉拉、珍妮特、朱蒂、莉迪亚、玛克辛、妮娜

👤 查尔斯、亨利、皮特、罗伯特、托尼、文森特

113 绳结魔术

这是一个关于绳子的魔术。有一根普普通通的绳子，用手分别抓住绳子的两端，然后轻轻这么一拉，就可以在绳子中间打出一个结。但是，其间不能把抓住绳子的手松开，你知道魔术师们是如何做到的吗？

114 两瓶溶液的分量

桌上放着两个同样大小的瓶子，一瓶装着酒精，一瓶装着水，两个瓶子里的液体一样多。如果用小勺从第一个瓶子中取出一勺酒精，倒入第二个瓶子中，搅拌后，再从第二个瓶子中取出一勺混合液，倒回第一个瓶子中。那么这时，是第一瓶原本装酒精的瓶子加入的水多呢，还是第二瓶原本装水的瓶子加入的酒精多呢？

115 四个家庭

4个毗邻而居的家庭各自拥有1条不同品种的狗。从下面给出的线索中，你能说出编号17、18、19、20号房间住户和他们家宠物的品种和名字吗？

①阿尔萨斯犬迪克住在萨姆的隔壁，萨姆是利德家的狗。

②17号住户的宠物是一只拳师犬。

③可勒家有一只吉娃娃犬。

④弗雷迪住在19号房子里。

⑤18号的住户不姓肯内尔。

⑥马克斯是一只约克夏小猎犬。

17   18   19   20

波尼家   可勒家   肯内尔家   利德家

阿尔萨斯犬   吉娃娃犬   拳师犬   约克夏小猎犬

116 划分农场

农场主的一块牧地饲养了很多的马和羊，有一天他给儿子出了一道难题，要求儿子用8个栅栏将这些马和羊分割成5块区域来进行管理，使每块区域都有马和羊。农场主的儿子应该如何进行划分呢？

117 他们都在做什么

周末的时候，909寝室里有4位同学分别做着不同的事情，他们当中有一个人在玩游戏，一个人在写作业，一个人在上网聊天，一个人在看书。隔壁寝室的人问探查过909寝室的同学他们现在在做些什么，这位同学打死也不说，说是出卖朋友的事情他不做。于是，这个好奇的人说道："好吧，我不强迫你说。但是你可以告诉我他们没有做些什么吧？"这个问法很有意思，于是，好奇的同学得到了下面的"情报"：

（1）A没有玩游戏，也没有在看书；

（2）B没有上网聊天，也没有玩游戏；

（3）如果A没有上网聊天，那么D也没有玩游戏；

（4）C既没有在看书，也没有玩游戏；

（5）D没有在看书，也没有上网聊天。

那么，909寝室的四位同学究竟分别在做些什么呢？

118 立体的画面

一天，老师在一张纸上"沙沙沙"地画了一阵，然后举起来给同学们看。"不折不撕（这张纸），你们谁能让纸上的这些细线竖立起来呢？"这有可能吗？同学们面面相觑。最后，一位聪明的同学做到了，你知道他是如何做到的吗？

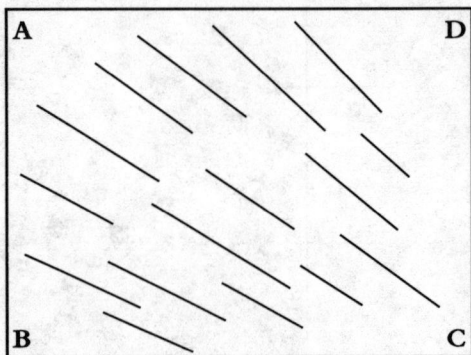

119 木棍的长度

飞飞指着桌子上的图形给弟弟明明看："你说这些木棍是不是一样长的？"弟弟用眼一看，随口说道："当然不是了，有长有短啊。"飞飞一听就笑了，让弟弟挑出长的和短的来对比一下。结果，弟弟根本就做不到。你能发现这个图形中的奥秘吗？

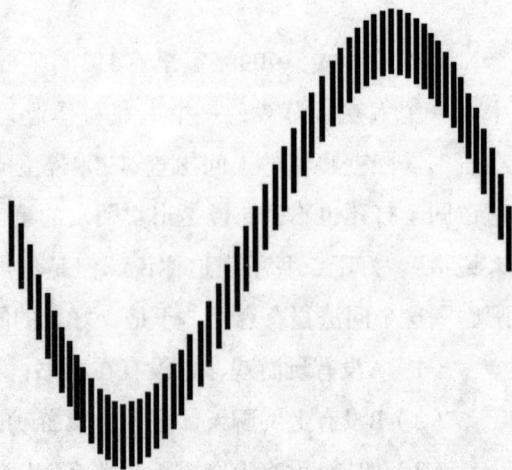

120 共同营业日

在某个地区有一家超市，一家银行，一家百货商场。每周中只有一天它们是一起营业的。已知：

（1）这三家单位一周都工作四天；

（2）星期天都休息；

（3）不会连续三天营业；

（4）有人对这三家单位做了连续6天的观察：第一天，百货商场未营业；第二天，超市未营业；第三天，银行未营业；第四天，超市未营业；第五天，百货商场未营业；第六天，银行未营业。

请问：星期几它们三家共同营业？

121 说谎的孩子

妈妈准备款待客人的糖果被偷吃了。妈妈很生气，盘问4个孩子，下面是他们的回答：

A：是B吃的。

B：是D吃的。

C：我没有吃。

D：B在说谎。

妈妈不知道如何惩罚这群淘气的孩子，便询问知道详情的爸爸。孩子们用哀怜的眼神看着爸爸，希望爸爸不要"出卖"他们。于是，爸爸微笑着对妈妈说："亲爱的，不要生气了。我想他们也是一时没有管住自己的嘴。不过我不能出卖自己的孩子们，所以，我要告诉你的是，他们中有一个说了实话，有三个说了谎话。"结果，妈妈还是知道究竟是谁偷吃了糖果。你知道是谁吗？

122 不可能的模型

这幅图看起来很正常，但是你仔细一看就会发现似乎又不太正常。问题出在哪里呢？

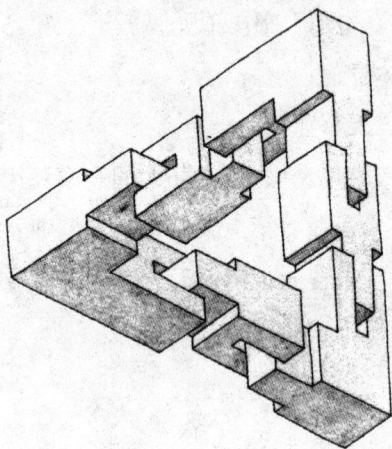

123 谁是预言家

提瑞阿西斯是古希腊最著名的预言家之一，他有四个徒弟A、B、C、D。但是四个徒弟中，只有一个继承了提瑞阿西斯的衣钵，成为真正的预言家。其余三个人，一个当了武士，一个当了医生，一个当了建筑师。这是他们出师前的说的预言，你能判断出A、B、C、D的未来职业吗？究竟谁才是未来的预言家吗？

A预言：B骁勇有智谋，却无论如何都成不了武士。

B预言：C将来会成为预言家。

C预言：D虽然对建筑工艺非常热衷，但是他是不可能成为建筑师的。

D预言：我会娶到美丽的公主。

124 重修小道

A、B、C三位好朋友都在一所小院里买了房，这样他们就可以经常有事没事的互相串门。这所小院的结构设计得比较奇怪（见下图），每家住户的大门虽然正对自己的房屋，但是却相互交叉。所以，上下班时，他们就难免碰在一起，互相打下招呼。

但是关系走的太近就容易出问题。A、B、C三位好朋友因为一件事情闹得不可开交，并赌气说老死不相往来。但是话虽如此，每次出门前却总会碰到一起，很是尴尬。于是，他们三家各自决定修路。从自己房门到大门间修一条小道，这样相互之间就不用碰面了。你知道他们是如何做到的吗?

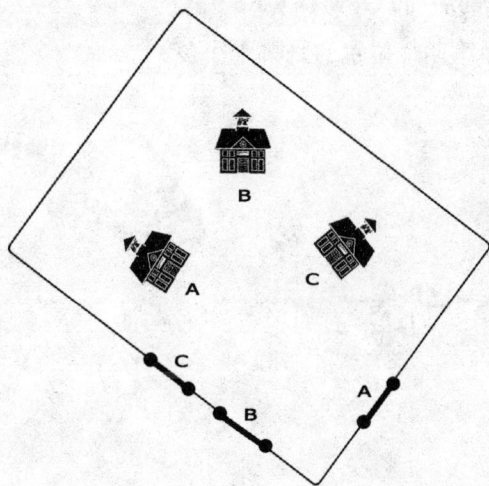

125 被看错的号码

丹丹参加了学校的运动会，学校分发给他的号码牌是个四位数。快轮到丹丹比赛时，丹丹去教室换衣服。广播里读着下面比赛的运动员出场次序，老师派了一名同学去看一下丹丹的号码牌数字。这名同学只瞄了一眼丹丹的号码就回来告诉老师了。没想到的是，他看到的号码是丹丹反过来的数字，比丹丹的号码要大"7875"。那么，你知道丹丹的号码是多少吗？

126 六个小孩

A、B、C、D、E、F六个小孩排队回家，已知：

（1）C在E的前面；

（2）A在F的后面；

（3）E不在第5位；

（4）D和A之间隔着两个小孩；

（5）B在E的后面，并紧挨着E。

那么，排在第四个位置的是哪个小孩？

127 一宗凶杀案

有5名探险者去深山寻找宝藏，其中只有队员甲知道宝藏埋藏的准确地点。一天傍晚，他们5人分别在河的两岸5个不同的地点扎营休息。当天晚上，队长不时地用手机与大家联系。但是由于山中信号不好，手机只能在帐篷中通过特殊装置放大信号之后才能使用。在晚上10：30

以后，他没有收到队员甲的应答。于是队长又同其他3名队员进行了联系，询问了他们3个人的具体情况。

第二天早晨，大家集合的时候，甲没有到。大家到甲的帐篷里去找，发现甲已经死了。他是被人杀死的，犯罪现场的证据表明凶手是乘船到达队员甲的帐篷并把他杀死的。而在当天晚上，每位队员都有使用独木舟的机会。队长怀疑是3个队员中的某人为了得到宝藏的准确位置而杀害了甲。但是根据下面的事实，队长排除了其中2名队员的嫌疑：

（1）队员甲是在前一天晚上10：30之前在他的帐篷里被杀害的，他是被绳索勒死的；

（2）凶手去队员甲的帐篷和返回自己的帐篷都是乘独木舟的；

（3）队员乙的帐篷扎在甲的帐篷的下游，丙的帐篷扎在甲帐篷的正对岸，丁的帐篷扎在甲的帐篷的上游；

（4）河水的流速很快；

（5）顺水而下需要20分钟，逆水而上需要60分钟，而到对岸需要40分钟；

（6）对于队长的手机呼叫，各人的应答时间如下：

应答者	应答时间
乙	8:15
丙	8:20
丁	8:25
甲	9:15
乙	9:40
丙	9:45
丁	9:50
乙	10:55
丙	11:00
丁	11:05

那么，剩余的三人中仍被队长视为嫌疑人的是谁？

128 国王的律令

古时候，有个国家的国王为了能够有更多的男子当兵打仗，就颁布了一条法律：每个女子只有生育了男孩后才享有继续生育的权利；如果生育了女孩，那么该女子将被禁止继续生育。这个国王认为，如果这样的话，很多家庭就会有几个男孩而只有一个女孩，但是任何一个家庭都不会有一个以上的女孩。所以，用不了多久，男人的数量就会大大超过女人。

你如何看待这个国王颁布的法律呢？

129 均分色块

将下面图形中的黑色部分分成大小和形状均等的六等份，你能做到吗？

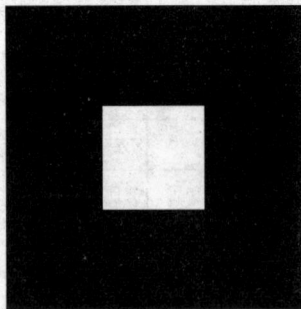

130 谁才是凶手

一名医生在家里被杀害，抓到了四名嫌疑人。警方根据目击者的证词得知，在医生死亡的那天，只有这四个病人单独去过一次医生的家。

在传讯前，出于各种不同的原因，这四个病人商定，每人向警方作的供词都是谎言。

下面是每个病人所作的两条供词：

A病人：

（1）我们四个人谁也没有杀害医生。

（2）我离开医生家的时候，他还活着。

B病人：

（1）我是第二个到病人家的。

（2）我到达他家的时候，他已经死了。

C病人：

（1）我是第三个去医生家的。

（2）我离开他家的时候，他还活着。

D病人：

（1）凶手不是在我去医生家之后去的。

（2）我到达医生家的时候，他已经死了。

那么请问，这四个病人中是谁杀害了医生？

131 绳子的长度

一根绳子在一圆柱体上缠绕了4整圈（如图所示）。圆柱底面圆周长为4米，圆柱长12米。你能算出这段绳子的长度吗？

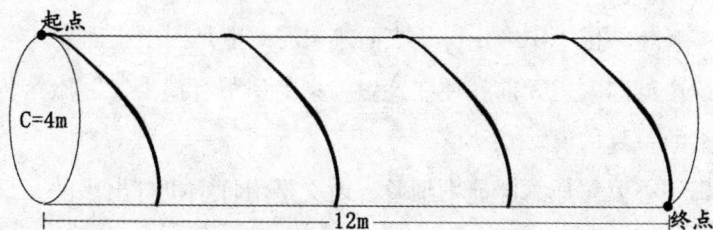

起点

C=4m

12m

终点

世界精英都在玩的 300个 思维游戏

132 哈米尔顿回路

哈米尔顿回路是一条连续的路径，这条路径通过一幅图的每个点仅一次。在下面这个图形所演示的11个点中，也存在着一个哈米尔顿回路。你能发现吗？

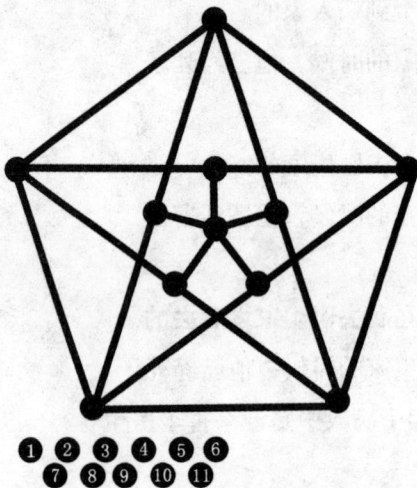

133 凶手的破绽

在旧金山的一家旅馆内，有位客人服毒自杀。名探詹姆接到报案后前往现场调查：

被害者是一位中年绅士，从表面迹象看，他是因中毒而死。

"这个英国人三天前就住在这里，桌上还留有遗书。"旅馆负责人指着桌上的一封信说。

詹姆小心翼翼地拿起遗书细看，内文是用打字机打出来的，只有签名及日期是用笔写上的。

詹姆凝视着信上的日期——3.15.99。然后像是得到答案似的说：

"若死者是英国人，则这封遗书肯定是假的，相信这是一宗谋杀案，凶手可能是美国人。"詹姆为何做出如此判断呢？

134 看穿牌底

桌子上摆着8张倒扣的扑克牌，它们的位置摆放顺序如下：

在这8张扑克牌中，只有K、Q、J、A这4种牌。其中至少有一张是Q，每张Q都在两张K之间，至少有一张K在两张J之间。没有一张J与Q相邻，其中只有一张A，没有一张K与A相邻。但至少有一张K和另一张K相邻。你能找出这8张牌哪一张是A吗？

135 折出来的椭圆

不借助笔和其他任何工具，你能用这张圆形的纸片折出一个椭圆形来吗？

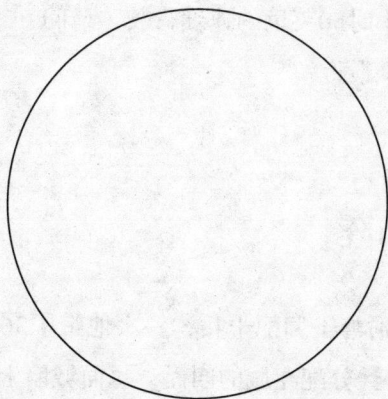

136 爬楼

嘟嘟和点点两人住在同一栋楼上，嘟嘟住在第8层，点点住在第4层。每层楼的楼梯都是一样高的。有一天，点点对嘟嘟说："每天我们同样上楼，但是你要比我多爬一倍的楼梯呢！"

请问，点点的说法正确吗？

137 快速长大的人

某一天，酒吧里的一位小伙子对另一个人说："前几天我还20岁，明天我就23岁了。"请问，这位小伙子的生日是哪一天？这位小伙子又是在哪一天在酒吧喝酒的？

138 两辆火车

一列火车正从波士顿开往芝加哥，与此同时，另一列火车从芝加哥开往波士顿。从波士顿出发的火车以每小时60英里的速度行驶，从芝加哥出发的火车以每小时50英里的速度行驶。请问：当两列火车相遇时，哪一列火车离波士顿最近？

139 将军巧布阵

有一位将军特别善于调配士兵，一次他带了360名士兵守卫一座小城池。他把360名士兵分配在城的四面，每面城墙上有100名士兵。战斗打得好激烈，不断地有士兵阵亡，每减少20人，将军便将守城的士兵重排了一下，使敌人看到城墙上依然有100名士兵。士兵的人数已降为220人了，四面城墙上仍有100名士兵。敌人见守城的士兵丝毫没有减少，以为他有大量后备军，便撤退了。

你知道将军是怎样巧妙布置士兵的吗？

140 会"分身"的士兵

某班有1名班长和12名士兵，他们负责守卫一个古老的城堡，城堡外是一片山林。班长在城堡四面每面派出3名士兵，有4个瞭望口可以查到士兵的情况。每天他都从瞭望口查一遍，都能看到3名士兵在来回巡视，他非常满意自己的士兵能坚守岗位。可是，没过几天有人告发他的士兵天天在城堡外面的山林里打猎。为此，他特地到4个瞭望口去查看，发现每面都有3个士兵，而每天都有士兵去打猎吗？士兵是怎么糊弄班长的？

141 聪明的学者

金字塔是埃及的著名建筑，尤其胡夫金字塔最为著名，整座金字塔共用了230万块石头，10万奴隶花了30年的时间才建成这个建筑。金字塔建成后，国王又提出一个问题，"金字塔到底有多高？"对这个问题谁也回答不上来。国王大怒，把回答不下来的学者们都扔进了尼罗河。当国王又要杀害一个学者的时候，著名学者塔利斯出现了，他喝令刽子手们住手。

国王说："难道你能知道金字塔的高度吗？"

塔利斯说："是的，陛下。"

国王说："那么它高多少？"

塔利斯沉着地回答说："147米。"

国王叫："你不要信口胡说，你是怎么测出来的？"

塔利斯说："我可以明天演算给你看。"

第二天，天气晴朗，塔利斯只带了一根棍子来到金字塔下。国王冷笑着说："你就想用这根破棍子骗我吗？你今天要是测不出来，那么你也将要被扔进尼罗河！"塔利斯不慌不忙地回答："如果我测不出来，陛下再把我扔进尼罗河也为时不晚。"

接着，塔利斯便开始测量起来。最后，国王也不得不认同他的测量是有道理的。

你知道他是怎么测量的吗？

142 寺庙中有多少僧人

在一座寺庙的墙壁上有人题写了这么一首诗：

巍峨古寺在山中，不知寺中几多僧。

三百六十四只碗，恰巧用尽不差争。

三人共餐一碗饭，四人共喝一碗汤。

请问先生能算者，山中寺内几多僧？

聪明的读者朋友，你能算出这首诗中所描述的僧人有多少吗？

143 这个梯子多少级

有一座3层的楼房着火了，一个救火队员搭了梯子爬到3层楼上去抢救东西。当他爬到梯子最中间一级时，2楼的窗口喷出火来，他就往下退了3级。等到火过去了，他又爬上了7级。这时，屋顶上有一块砖头掉下来了，他又往后退了2级。幸亏砖头没有砸着他，他又爬了6级。这时他距离最高一级还有3级。

请你想想看，这个梯子一共有多少级？

144 物体的真实样子

想象一下这个物体的实际形状：

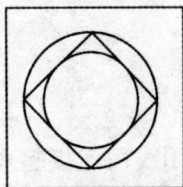

从上面看时的样子

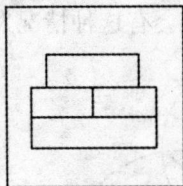

从侧面看时的样子

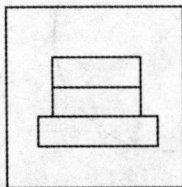

从前面看时的样子

我只感觉到我的想象力是有限的！

你就沉着地画画看吧！

145 奇怪的对话

一天，尼德尔瓦勒先生骑自行车外出时碰到了一个老朋友。

"我们都好几年没见了吧。"他说。

"是啊，"他的朋友回答说，"自从上次我们在缅甸见面之后，我就结婚了，我和我的爱人都在仰光工作。你肯定不认识，这是我们的小女儿。"

"好漂亮的孩子，"尼德尔瓦勒先生回答说，"你叫什么名字？"

"谢谢您，先生，我和我妈妈同名。"

"哦，是吗，你和埃莉诺长得真像。这也是我很喜欢的一个名字。"尼德尔瓦勒先生回答说。

那么，尼德尔瓦勒先生是如何知道这个小女孩的名字是埃莉诺的呢？

146 三个圆的奇怪现象

我们把3个相交的圆两两之间的交点用线段连接起来。真奇怪，这三根弦竟然相交于一点！

是不是对于任意三个两两相交的圆都会有这种情况发生呢？

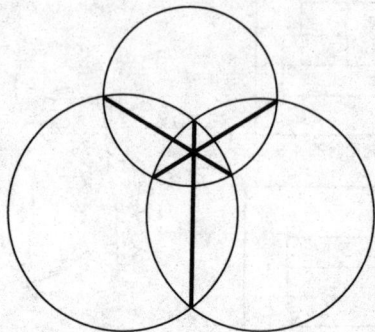

147 镜子的威力

镜子很常见，却又有其奇妙的一面。望远镜、光电扫描仪和魔术师把女士切成两半的盒子都使用了镜子。

镜子最巧妙的应用之一来自古希腊科学家阿基米德。根据当时的文献记载，公元前214年，阿基米德使用镜子击退了罗马船队的进攻，保卫了叙拉古。据说他用镜子汇聚了太阳光照射在那些船上，使它们都着火烧毁。这件事情可信吗？

148 最薄弱的一环

截断下面5环中的哪一根可以让它们全部分开？

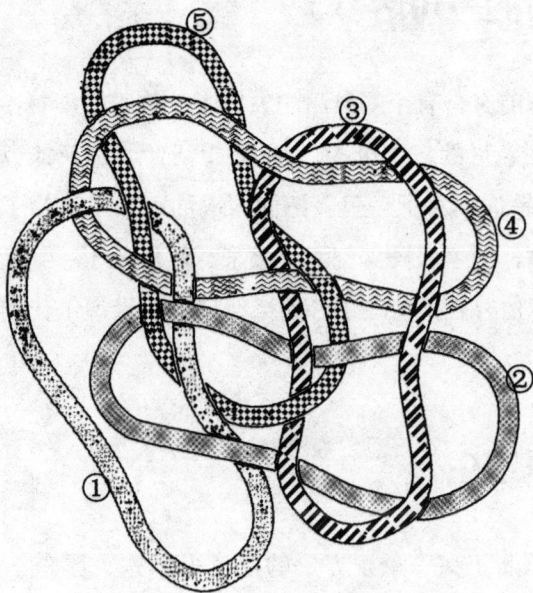

149 平衡米尺

你和你的一个朋友想要用食指平衡一把米尺。你能想象出当你们同时把手往米尺中间移动时会发生什么情况吗？如果你们从中间开始把手指往两端移动，又会发生什么情况？

150 九个数字

一天，老师在黑板上写下了9个自然数：

123456789

你能在这几个数字之间，只加上3个运算符号就使得算式的答案等于100吗？

151 救命的一句话

在万圣节前夕，有个喝醉酒的农民十分倒霉，他被一个恶毒的女巫抓住并被带到破烂的教堂里。"如果你想活命，你只能说一句话！"她咆哮说，"如果你说对了，我会把你榨成油；如果说错了，我会把你喂蝙蝠！"这时，那个农民立刻清醒过来，然后说了一句话，而这句话却让女巫诅咒了他并且把他放了。那么，那个农民说了什么呢？

152 死里逃生

探险家琼斯正在一条正方形的隧道里奔跑，原来，他希望能躲开一块向他快速滚来的大圆石。方形隧道的宽度和圆石的直径一样，都是20米。隧道还有很远的距离才是出口，难道琼斯注定就要被这块大石头压扁吗？

Oh, My God!

153 井中的青蛙

一只青蛙掉进了一口18米深的井中，白天它向上爬6米，晚上它又向下滑落3米。按照这样的速度攀爬，这只青蛙多少天才能爬出井口？

154 最短的距离

瓢虫想抓住这只蚜虫，那么图中标出的这条路径是最短的吗？

世界精英都在玩的300个思维游戏

155 小丑过桥

一个体重80公斤的小丑要拿着3个各重10公斤的铁环过桥。不幸的是，桥只能承受住100公斤的重量。怎么办呢？小丑想到了一个办法，自己最拿手的本事就是抛环，只要自己边走边向空中分别抛出3个环，始终保持空中有一个环的话，那么自己就能安全、顺利地过桥。小丑按照这个方法能否顺利过桥呢？

156 水壶中的水

下图中，哪个水壶装水更多一些？

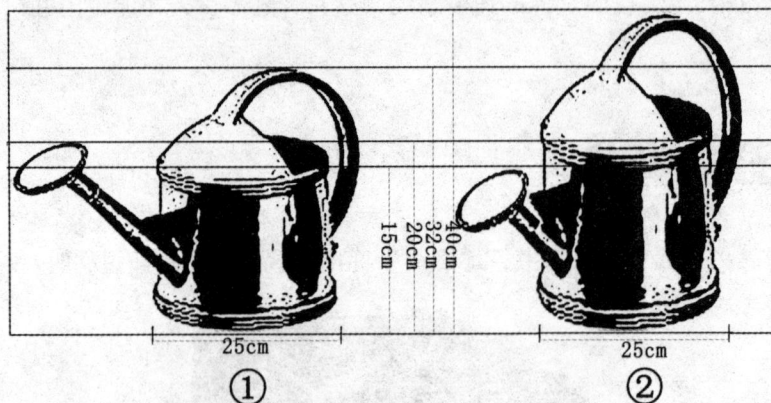

| 40cm |
| 32cm |
| 20cm |
| 15cm |

25cm

①

25cm

②

157 旋转的螺丝钉

如果两个螺丝钉咬合在一起，它们的螺旋纹都是顺时针的，一只螺丝钉顺时针转动，就像在旋紧，另一只螺丝钉逆时针转动，就像在旋松，那么这两只螺丝钉是越来越近，还是越来越远呢？

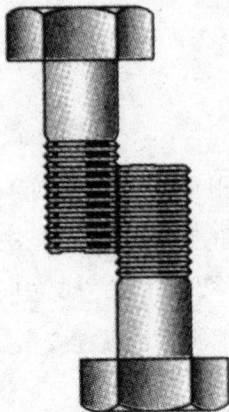

158 狩猎者和猴

一个狩猎者偷偷地举起了他的消音镖枪瞄准了一只猴子，在他扣动扳机的那一刹那，恰巧这只猴子松开了它紧握树枝的手，开始下落。请问，不考虑空气的阻力，镖枪能否命中猴子呢？

159 独眼观单摆

一个男孩观察在一个平面内摆动的单摆。他戴了一副坏了的太阳眼镜，眼镜的右眼镜片坏掉了。你知道这个男孩眼中所看到的单摆是如何运动的吗？

160 报纸下的木条

把一根长木条伸到桌子边缘外10cm左右，然后在桌子上用几份报纸将木条的另一端紧紧压住，使报纸与桌面间不留空气。

世界精英都在玩的300个思维游戏

然后你狠狠地一击木条在桌子外的那部分，会发生什么情况呢？

161 高尔夫球的思考

为什么高尔夫球的表面会坑坑洼洼的？

162 谁是谁的伴侣

克劳德、贺瑞斯、赛尔温三位绅士与迪尔德利、艾丽卡和伊莫金三位淑女组成了三个家庭。他们都喜欢在俱乐部过节日的夜晚，他们最热衷于玩桥牌游戏。这天，克劳德的妻子和艾丽卡的丈夫成为了玩桥牌的搭档，他们的对手是迪尔德利和伊莫金的丈夫。所有的男士都不是和自己的妻子成为搭档，而贺瑞斯根本就不玩桥牌。所以，你能猜出他们谁跟谁是夫妻吗？

163 水中的放大镜

如果把放大镜放到水里，能不能把物体放得更大呢？

164 办理业务的顾客们

分别有4位顾客亨利、艾丽斯、玛格丽和丹尼尔在4个服务窗口前办理业务，在4个窗口工作的职员是迈根、路易斯、大卫和亚当。从下述的线索中，你能说出今天在各个窗口上班的职员的名字、每个顾客的名字以及每位顾客办理的业务吗？

（1）艾丽斯正在提取她的养老金。

（2）某人正在办理公路收费执照，而亨利就站在此人左边第2个窗口处。亨利不在亚当的窗口前办理业务。

（3）路易斯在3号窗口处工作。

（4）4号窗口前的顾客不是玛格丽特，此处的顾客正在购买一本邮票集锦。

（5）某人正在寄一封挂号信，大卫就在此人的右边一个窗口工作。

165 康师傅的美味蛋糕

康师傅做出了一个美味的蛋糕，看起来这块蛋糕却似乎少了一块。但是，康师傅却微笑着说："不，不是少了一块，而是只有一块蛋糕。"他为什么这么说呢？

166 圆的八等份

只用直尺和圆规，你能把一个圆分成面积相等的八个部分或者更多吗？

167 群鸟归巢

这些鸟都有它们自己独有的鸟巢，请你为这些鸟找到原本属于它们的鸟巢。

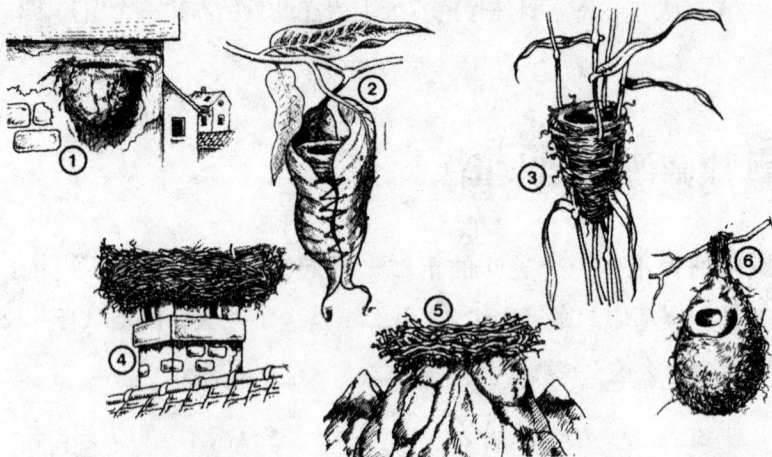

168 公寓中的三房客

威廉姆斯先生、巴尼特先生和爱德华兹先生都寄宿在马·博斯科姆斯公寓。他们当中，一个是面包师，一个是出租车司机，还有一个是司炉工，你要把他们一一对应。下面的线索可以给你帮助：

（1）威廉姆斯先生和巴尼特先生每天晚上都下棋。

（2）巴尼特先生和爱德华兹先生一起去打棒球。

（3）出租车司机喜欢收集硬币，司炉工带过兵，而面包师则喜欢集邮。

（4）出租车司机从来没看过棒球比赛。

（5）爱德华兹先生从来没听说过集邮。

169 小岛上的旅游

这是一个小岛，它近来刚刚被开发成旅游景区，它由4个主要的市镇组成，分别坐落在沿海岸线编号为A、B、C、D的位置上。从所给的线索中，你能说出每个市镇的名称、在那里旅游的是哪个家庭，以及那里所提供的娱乐设施吗？

（1）罗德斯一家人住在国王乡村的一个旅馆中，而游艇港湾镇沿着海岸线顺时针方向的下一站就是国王乡村镇。

（2）莱斯特一家人住在东海岸的一个旅游胜地上，而巴瑞特一家人住在拥有宜人海滩的旅游胜地上。

（3）西海岸的旅游胜地叫做白色沙滩。

（4）卡西诺赌场位于蓝色海湾镇上，但是沃德尔一家人没有在这里旅游。

旅游胜地：蓝色海湾、国王乡村、纳尔逊镇、白色沙滩
家庭：巴瑞特、莱斯特、罗德斯、沃德尔
设施：卡西诺赌场、游艇港湾、宜人海滩、潜水中心

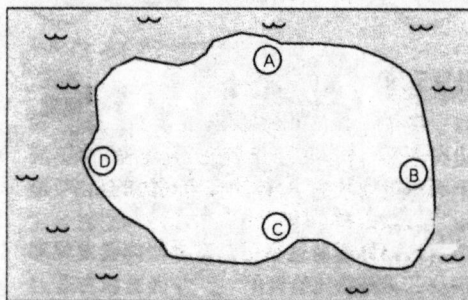

170 引起错觉的画

下图中的铁栅栏被涂抹上了奇怪的花纹，你能看出这些铁栅栏的栏杆是直的还是弯的吗？

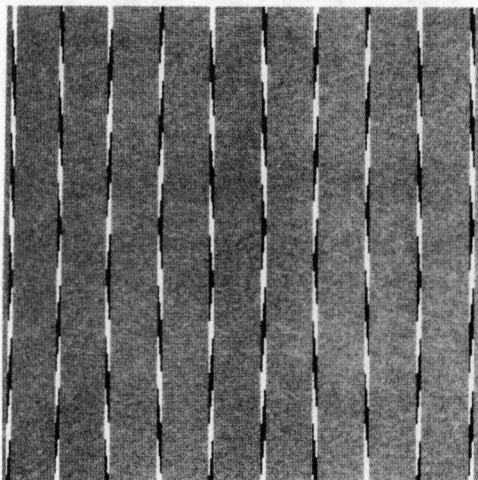

171 大家来找茬

下面这幅图中，每幅小场景中的人物都有与其他场景不同的一处，你能找出来吗？

172 被偷走的金球

国王有一个长方形的箱子，里面紧密地排列着20个金球，每个球都被其他球卡住了。所以，无论箱子如何移动，这些球都不会在箱子里滚动。每次国王临睡前都会摇一摇这个长方形的箱子，只要这个沉重的箱子不发出晃动声，他就可以高兴地酣睡入梦。但是有一天，国王的妻子偷偷地取走了一颗金球；第二天，国王的儿子又偷走了……就这样，连续好几天每天都有人偷偷拿走国王的金球。但是奇怪的是，国王并没有发觉有任何异常——这个沉重的箱子无论如何移动仍然不会发出任何响声。请问这些人到底最多可以偷走几个球而不被发现呢？

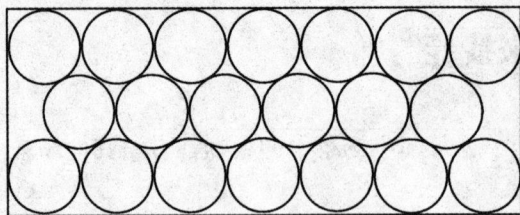

173 只要一半的水

下图中的鱼缸里已经注满了水，如果不用测量杯或者测量棒，你能否把水从鱼缸中倒出并使水平面正处于鱼缸的正中间呢？这个办法要比你想的要简单得多。

当然，你也可以用一个玻璃杯来尝试进行这个实验，它们的性质是一样的。

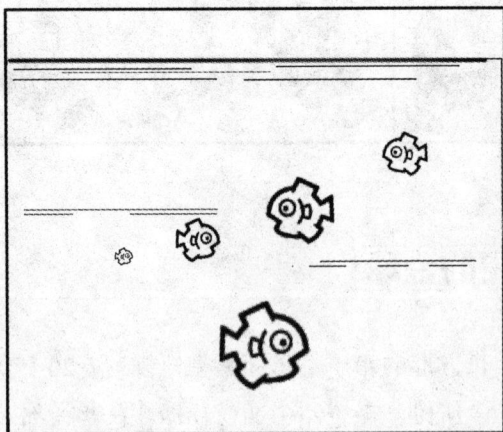

174 谁在说谎

上午10点钟，在纽约斯密斯顿区的一条小街上，突然响起了两声清脆的枪声，又一起凶杀案发生了。下图是这个凶杀案的现场示意图。

从图中可以看到，汽车的挡风玻璃上留下两个弹孔，驾驶台上的一个男人被射穿左胸。

他右手握着枪，可以看出他临死前开了一枪。汽车前面挡风玻璃上右侧的弹孔是杀人者留下的，被害者射的一枪子弹从玻璃上左面的弹孔穿出。

被害者是黑人路易斯，凶手是白人麦克雷。案发后，麦克雷一直没有离开过现场。他竭力为自己辩解。他说："我开枪完全是正当防卫。我刚才在街上走，突然发现车上的路易斯向我开枪。我是迫不得已才出手还击的。"

麦克雷的这番话可信吗？

175 一场枪战

1984年的夏季，从撒哈拉大沙漠刮来的热风，经过地中海，吹到意大利西西里的首府巴勒莫市，使当地的气候变得又闷又热又潮湿，大多数居民都躲在家里，足不出户。

这天中午，炎热的太阳正射在巴勒莫市的中心大街上，七名黑手党徒大模大样地从威士忌酒店里出来，每个人都自以为在即将开始的枪战中占据了有利的位置。阿里、法亚、皮得、巴比、汤尼、胡安和奥费都在准备射击，下图表示他们各自的位置。可以看出，从任何一个人的位置上都可以向两个人瞄准。七个人谁也没有移动过位置，便射完了所有的子弹。巴比第一个倒下，他是被阿里射中的，阿里是那场枪战中唯一的幸存者。

请你仔细观察这幅图，然后推断：谁开枪打死了谁？他们是按怎样的顺序倒下的？

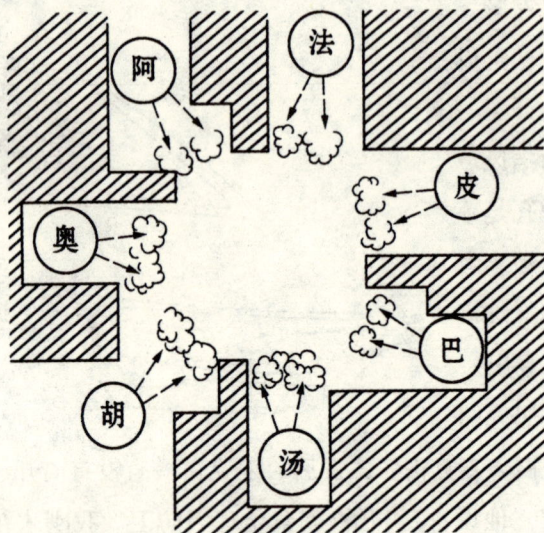

176 泡泡实验

两个大小不同的肥皂泡被吹大了。如图所示，吹的时候，两个泡泡之间的管道是不通的，然后封住吹气口，打开两个泡之间的通道。你知道此时将会发生什么情况吗？两个泡泡是否变成一般大小呢？

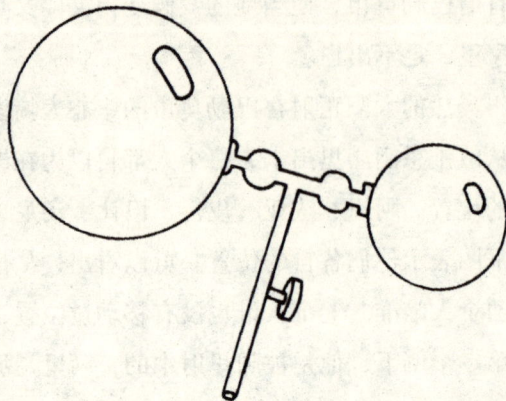

177 树中的画像

下图中是一棵神奇的枯树，在这纵横交错的树枝中隐藏了很多的人物头像，你能把它们全部找出来吗？

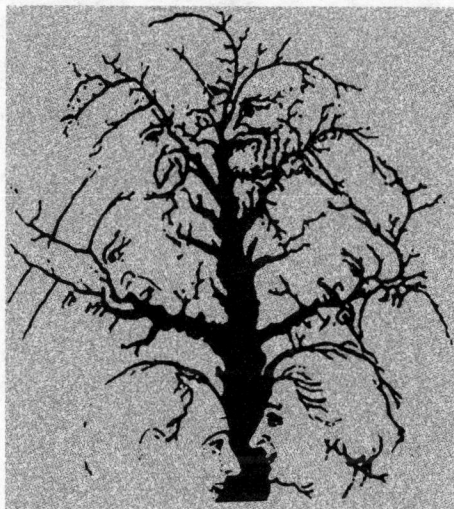

178 卖菠萝的和买菠萝的

一箱菠萝有10斤重，卖1元钱1斤。

有个买菠萝的人说："我全都买了，做罐头，麻烦你帮我把皮削下来，里面部分7角钱1斤，另外，不会让你吃亏的，皮我也要，算3角钱1斤。这样加起来还是1元，对不对？"

卖菠萝的人一想，7角加3角正好等于1元，没错，就同意了。

他把菠萝皮削了下来，里面部分一共8斤，皮2斤，加起来10斤。8斤里面的部分是5.6元，2斤皮6角钱，共计6.2元。

事后，卖菠萝的人越想越不对，原来算好的，10斤菠萝明明可以卖10元，怎么只卖了6.2元呢？到底哪里算错了呢？

179 圣诞老人的考验

圣诞老人为你准备了一个了不起的圣诞节思维游戏。他先把装饰物固定在一条3米长的绳子的一端，然后将另一端系在一束槲寄生树枝的上面。

"我会给你两份圣诞礼物，"他说，"如果你不借助除剪刀以外的任何工具，将绳子从中间剪断但装饰物却不会摔落在地。记住：一旦你剪断绳子，你就不能触摸绳子或者装饰物。"

那么，读者朋友，你会怎么剪呢？

180 墙上的通缉犯

红石西野镇治安长官的办公室墙上挂着4张图片，他们是臭名昭著的黑帽子火车盗窃团伙的成员。从以下所给的线索中，你能说出他们各自的姓名和绰号吗？

（1）赫伯特的图片和"男人"麦克隆水平相邻。

（2）图片A是雅各布，而图片C上的不是西尔维斯特·加夹得。

（3）姓沃尔夫的男人照片和绰号"小马"的照片水平相邻。

（4）在图片D上的丘吉曼的绰号不是"强盗"。

名：赫伯特、雅各布、马修斯、西尔维斯特

姓：丘吉曼、加夹得、麦克隆、沃尔夫

绰号："强盗"、"男人"、"小马"、"里欧"

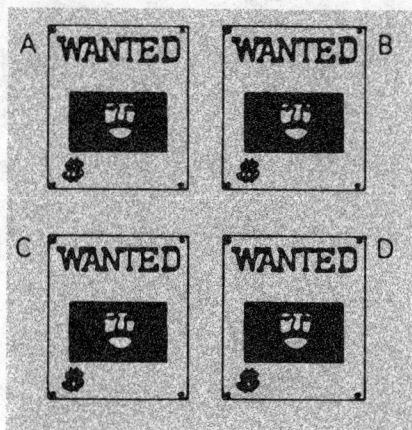

181 数学教授的思考

一天，一位数学教授去同事家做客。他们坐在窗前聊天，从庭院中传来一大群孩子的嬉笑声。

客人就问：您有几个孩子？

主人说：那些孩子不全是我的，那是四家人家的孩子。我的孩子最多，弟弟的其次，妹妹的再次，叔叔的孩子最少。他们吵闹成一团，因为他们不能按每队九人凑成两队。可也真巧，如果把我们这四家孩子的数目相乘，积数正好是我们房子的门牌号，这个号码您是知道的。

客人又问：让我来试试把每一家孩子的数目算出来。不过要解这个问题，已知数据还不够。请告诉我，你叔叔的孩子是一个呢，还是不止一个？

世界精英都在玩的 300个 思维游戏

于是主人回答了这个问题。客人听后，很快就准确地计算出了每家孩子的数目。你在不知道主人家门牌号码和他叔叔家是否只有一个孩子的情况下，能否解答这道题呢？

182 魔法小兔子

当你尝试这个游戏时，也许你会认为只有求助某种魔术才能把它解决。这里放了5枚魔术师使用的硬币，我们要使它们彼此相接触。如果你手头没有这种硬币，你也可以使用1角硬币。我们这只爱为难人的小兔子认为解答这个题最多用10分钟。

183 出行的四女士

上星期六，住在4个村庄的4位女士由于不同的原因，如图所示，同时朝着离家相反的交叉方向出发。从以下所给的线索中，你能指出这4个村庄的名字、4位女士的名字以及她们各自出行的原因吗？

（1）波利是去见一位朋友。

（2）耐特泊村的居民出去遛狗。

（3）村庄4的名字为克兰菲尔德。

（4）西尔维亚住的村庄靠近参加婚礼的人住的村庄，并在这个村庄的逆时针方向。

（5）丹尼斯去了波利顿村，它位于举行婚礼的利恩村的东面。

村庄：克兰菲尔德村，利恩村，耐特泊村，波利顿村

名字：丹尼斯，玛克辛，波利，西尔维亚

原因：参加婚礼，遛狗，见朋友，看望母亲

184 狡诈的拍卖商

拍卖会如火如荼地进行着，有人拍卖一块土地。他说这块土地的形状为正方形，南北100米，东西也是100米。但是等人竞买下来以后，经过实地探量，却发现这块土地的面积只有5000平方米。于是找这个拍卖者理论，但是对方却振振有词，而且有理有据，拍卖会上说的全部属实。为什么会这样呢？那5000平方米的土地哪里去了？

185 古老战舰游戏

这道题是按照一个古老的战舰游戏设计的，你的任务是找出表格中的船。方格中已填入了几个代表海或某种船的局部的图案，而紧靠行和列边上的数字表示这行或这列被占的方格总数。船和船之间可以水平或垂直停靠，但是任何舰船或船的某个部分都不可以在水平、垂直和对角方向上相邻或重叠。

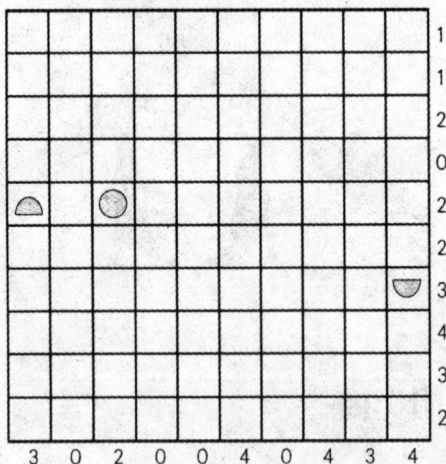

186 四勇士

四个勇士从剑鞘中迅速地拔出利剑准备战斗，这四把剑的形状各不相同，一把是笔直的，一把是半圆形的，一把是波浪形的，一把是螺旋形的（如图所示）。但是，这个曾经出现在小说和电视剧中的传奇性故事却有着一个常识性错误。你知道是什么吗？

187 数学分析法

如果你随机投掷一枚硬币（硬币比方格小），那么，它落在大正方形一角的方格里的概率是多少？

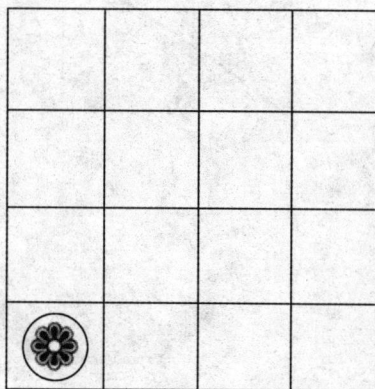

188 找出假币

一共有8枚金币，其中有1枚是假币。其余7枚金币的重量相等，假币的重量要比真金币的重量轻。请问，用天平最少需要多少步能够把假币找出来？

（注：称重量的时候，只能用这8枚金币，不能借助其他砝码。）

189 画中的人物

下面的这幅图中，一共有多少人在滑雪？

190 张大婶卖水果

张大婶在市场卖水果。她每天卖苹果、梨各30个，其中每3个苹果卖1元钱，每2个梨卖1元钱，这样一天可以卖25元钱。有一天，一位路人告诉她把苹果和梨混在一起每5个卖2元，可以卖得快一些。第二天，张大婶就尝试着这样做，最后水果卖完了，却只卖了24元。张大婶很纳闷，水果没剩下怎么钱少了1元，这1元钱去哪里了呢？

191 帽子上的数字

100个人每人戴一顶帽子，每顶帽子上有一个数字（数字限制在0~99之间的整数），这些数字有可能重复。每个人只能看到其他99个人帽子上的数字，看不到自己帽子上的数字。这时要求所有人同时说出一个数字，是否存在一个策略使得：至少有一个人说出的是自己头上帽子的数字？如果存在，请构造出具体的推算方法；如果不存在，请给出严格的证明。

192 被识破的谋杀案

一天早晨，某公司总经理被发现死在了自己的公寓中。他躺在床上，全身覆盖着被子，只有脑袋露在外面，右边太阳穴有一个弹孔，掀开被子后发现他的右手握着一把手枪。在床边的柜子上，有一张纸条，上面写着："我痛恨股市！"这似乎是指近期股市大跌导致公司亏空一事。但是，警察马上断定，这是谋杀伪装成自杀，因为发现了一个重大破绽，你知道破绽是什么吗？

193 夫妻散步

夫妻二人一起去散步，丈夫走两步等于妻子走三步。开始的时候，他们同时迈出右脚，携手并进。多少步后，他们可以同时迈出左脚？

194 填数字

把下图中的1~12（不包括7、11）这些数字填入圆圈中，使得每条直线上的数字的和都为24。数字3、6、9已经被填入圆圈中。接下来，你要做的是继续填入那些没有填入的数字。

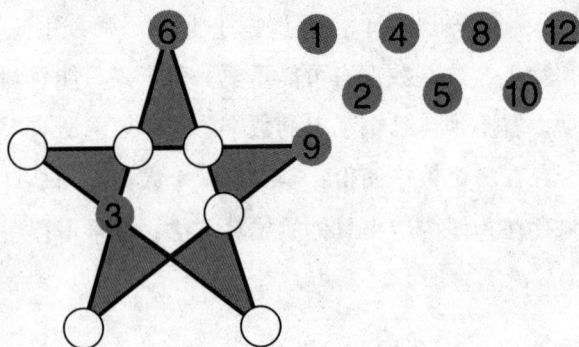

195 摆放硬币

桌面上平铺了16枚硬币，现在要求每枚硬币都与其他3枚硬币相接触，且硬币之间不能产生重叠，应该如何摆放才能做到？

196 一张复写纸

在两张纸的中间夹上一张单面复写纸，然后，想象把这叠纸上下对折，将下半部折向后面。如果你在第一张纸的上半部分写下你的名字，那么，你的名字将会复写出几份？它们会在哪里出现（正面、反面；上部、下部；第一张、第二张）？是朝什么方向的？

197 山羊的角斗

卢姆教授说："有一次我目击了两只山羊的一场殊死决斗，结果引出了一个有趣的数学问题。我的一位邻居有一只山羊，重54磅，它已有好几个季度在附近山区称王称霸。后来某个好事之徒引进了一只新的山羊，比它还要重出3磅。开始时，它们相安无事，彼此和谐相处。可是有一天，较轻的那只山羊站在陡峭的山路顶上，向它的竞争对手猛扑过去。那对手站在土丘上迎接挑战，而被挑战者显然拥有居高临下的优势。不幸的是，由于猛烈碰撞，两只山羊都一命呜呼了。"

现在要讲一讲本题的奇妙之处。对饲养山羊颇有研究，还写过书的乔治·阿伯克龙比说道："通过反复实验，我发现，动量相当于一个自20英尺高处坠落下来的30磅重物的一次撞击，正好可以打碎山羊的脑壳，致它死命。"如果他说得不错，那么这两只山羊至少要有多大的逼近速度，才能相互撞破脑壳？你能算出来吗？

198 五个吸血鬼

在很久以前，罗马尼亚有五个非常凶残的吸血鬼，他们有着特殊的嗜好。根据下面的信息，请你写出五个吸血鬼的姓名（1）、头衔（2）、所在的城市（3），以及最喜欢的食物（4）。

（1）统治苏恰瓦的吸血鬼最喜欢吃有钱人，但他不是乔治的公爵。

（2）图尔达的伯爵不是杰诺斯也不是弗拉德。最喜欢吃罪犯的吸血鬼不是兰克也不是米哈斯。

（3）扎勒乌的吸血鬼最喜欢吃外国人。

（4）阿尼纳的吸血鬼不是男爵。

（5）米哈斯是侯爵，他不喜欢吃有钱人。

（6）杰诺斯喜欢吃老人，他不是王子。

（7）有一个吸血鬼最喜欢喝女人的血。

（8）有一个吸血鬼在纳波卡。

199 最少的损失

现有7辆车需要维修，如果一名工人维修，用时分别为：12、17、8、18、23、30、14分钟，每辆车停开1分钟损失11元，现在由3名工作效率相同的维修工人各自单独工作，要使经济损失减到最小，最少损失多少元？

200 最省的连结

一个铁匠要把5根分开的链条打成一根长链条，你能找出一种方法，只需要截断其中的3个环吗？

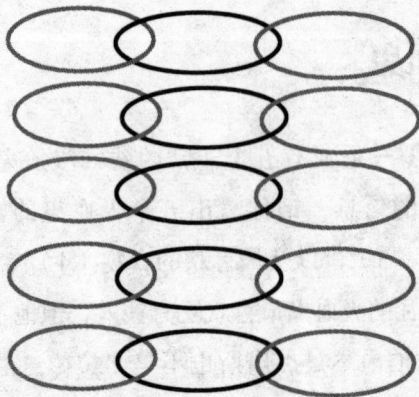

201 相对的字母

沿着图中的直线，可以把这个图形折成一个立方体。你知道折叠后的这个立方体哪两个字母是相对的吗？

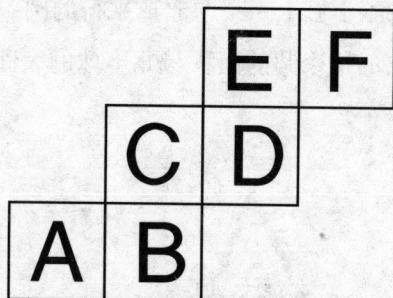

202 下落的大小石头

一块大石头的重量是一块小石头的100倍，但是它们下落的时候加速度却是相等的（在不考虑空气阻力的情况下）。为什么大石块不落得快一些呢？

203 三夫妇过河

3个爱吃醋的丈夫在和他们的妻子旅游时发现渡河的船只能容纳2个人。因为，每个丈夫都极力反对自己的妻子和其他2个男性成员中的任何1个人乘船渡河，除非自己也在场；同时，他们也不同意自己的妻子单独和其他男人站在河对岸。

那么，应该如何安排渡河呢？记住，尽管船只能搭乘2个人，但是，其中的1个人必须把船划回来供其他人使用。

204 谁更大一些

假设你用一个巨大的圆规来画圆。圆规的针插在地球的北极，笔端沿着地球的赤道画上一圈，然后你保持这个圆规的张角不变，在一张与地球的北极点相切的纸上画上一个与赤道平行的圆。

你知道纸上画出的这个圆的面积与北半球的表面积相比，哪个更大一些吗？

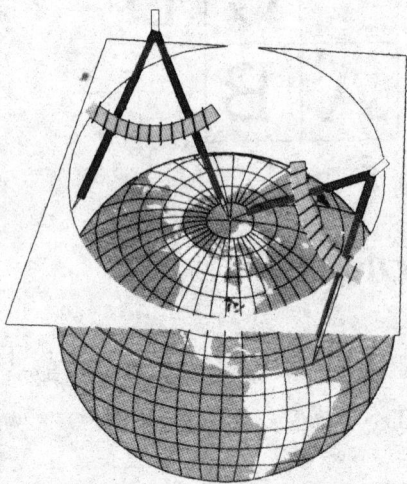

205 "剪刀手" 赛明顿

在电视机还没有出现前，晚上当人们围坐在餐桌前闲聊时，思维游戏就成了甜点之后最流行的娱乐方式。这里所说的就是"剪刀手"赛明顿向人们炫耀的三角题。他手里拿着一张等边三角形的纸，然后将它剪成5块；他随后把这些小块组成4个小的等边三角形（并不是所有的纸块儿在组成三角形时都会用上）。所剪5个纸块儿都是三角形。你知道他是怎么剪的吗？

206 巧测体积

一只密封得很好的瓶子里装有葡萄酒（葡萄酒没有超过瓶肩的位置）。用一把普通的尺子，你能求得这个瓶子的体积吗？

（注：不能打开或者损坏瓶子。）

葡萄酒

207 不可思议的平衡棒

质心低的物体比质心高的物体更容易保持稳定。那么，为什么杂技演员、变戏法的人——或者你自己，会发现与铅笔或其他较短的物体相比，把一根长棍竖立到手指尖上会更容易保持平衡呢？

208 引起怀疑的箱子

虽然每一个过境客都通过了海关的检查，但是一个仔细的海关官员叫住了其中的一个人，要求复查他的一个箱子。官员发现了一件装着重物的行李。

你知道是什么引起了海关官员的怀疑吗？

209 看标识找宝石

在下面的表格中，隐藏了若干颗宝石，其数量如同表格边的数字所揭示。此外，在某些方格中标注了箭头的符号，这些地方没有宝石。而箭头所指的方向藏有宝石，当然在这个方向藏着的宝石可能不止一颗。看你能找到多少颗宝石吧？

	1	1	1	3	1	2	1	3
1	→			↓				
3			→					
1				→				
1	↑		↗	→				
1	↗					↓		
2				↖				←
3	→					↗		
1		↗			→	↗		

210 同月同日生的人

在一个生日宴会上，你想找两个生日相同的人——同月同日，但不一定要同年。如果你不知道你的客人们的生日，那么你要请多少个客人，才能使他们中至少有两个人生日相同的概率大于0.5？要多少个人才能基本保证有两个人的生日是相同的？

211 对应的图形

一个人在观察下图中的立体图形时，画下了不同角度的图形。但是其中只有一个是正确的。你知道是哪一个吗？

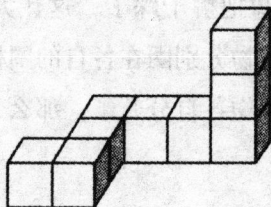

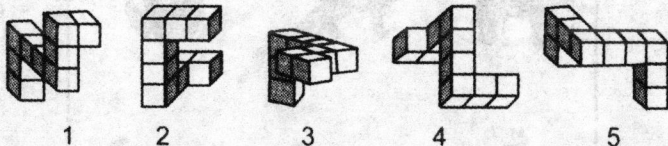

1　　2　　3　　4　　5

212 爷爷的泡泡派对

爷爷以前经常说他年轻时最快乐的一件事就是参加吹泡泡派对。派对上，每个人都发一个管，谁吹的泡泡最大或者谁一次吹出来的泡泡最多谁就可以获得奖品。当我问爷爷一次最多吹出来多少个泡泡时，他是这么回答的：

"我要把这个数字放在一个思维游戏里！

"如果在那个数字的基础上加上那个数，然后再加上那个数的一半，接着再加上7，我就吹出来32个泡泡。"

那么，你能根据他所给出的提示，计算出他究竟一次吹出多少个泡泡吗？

213 动物园中的围栏

　　沃尔特·斯奈尔特拉普是当地动物园里的公园管理员，他在为一群动物划分界线时遇到了麻烦，可以说都怪狮子不安分守己。斯奈尔特拉普把9只动物混合圈在一个正方形的围栏里。可是，没过多久，狮子开始咬骆驼，而大象却把狮子踩了，这让大家很是不悦。于是，斯奈尔特拉普决定把每只动物分别圈在各自的围栏里。他只在大围栏里建了两个围栏就把所有的动物各自分开了。那么，你知道他是如何修建围栏的吗？

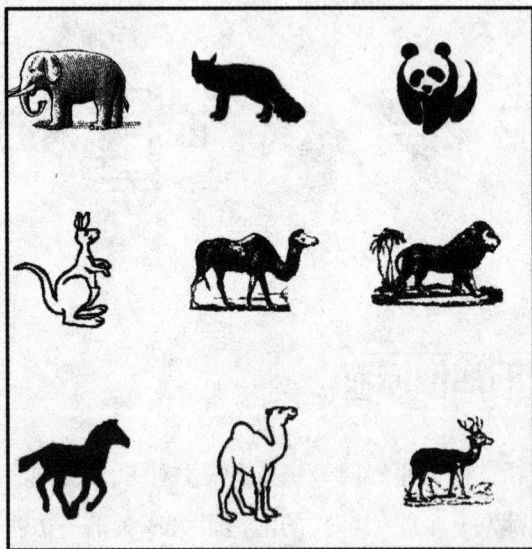

214 水面上的钢针

　　洛伦佐叔叔是个十分喜欢餐后娱乐的人。虽然与威灵顿不是同一级别，但是他偶尔也有好的表现。他十分自信地说他可以让一根钢针漂浮在水上。那么，你能否想出这是怎么实现的？

215 一张野战地图

一名军官指着一张野战地图对士兵说："2名士兵带着地雷探测器来探测这个地区敌人埋下的地雷并把地雷排掉。他们必须检查图上除了中心方块以外的所有方块，因为中心那个方块代表一个小池塘。他们可以纵向或者横向移动，但是不允许斜向移动。此外，禁止重复经过同一个方块。他们一个人从B点出发走到A点，另外一个人从A点出发走到B点。你们要在图上画出两人的行进路线，要求两人走过的方块数目相同。"你知道怎么画吗？

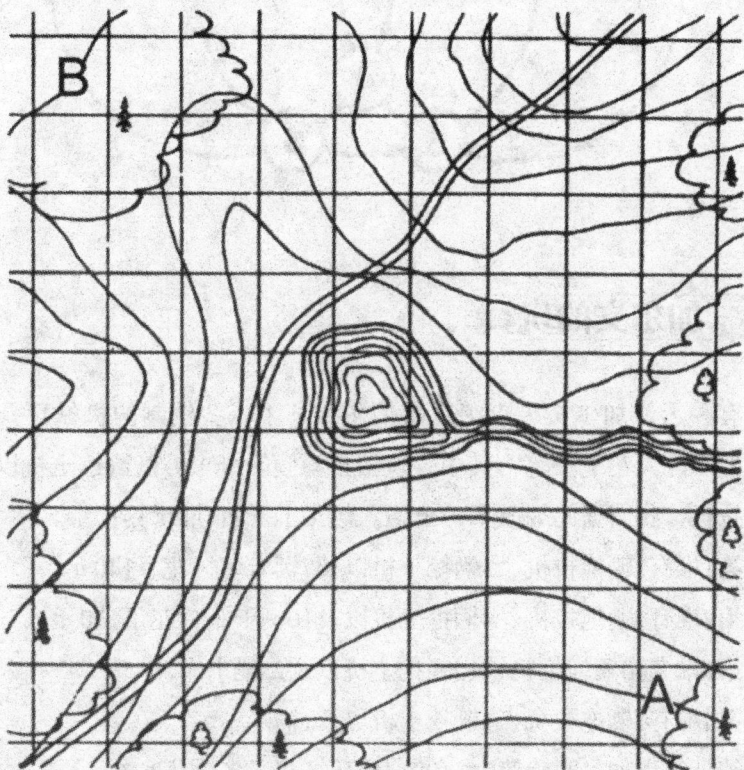

世界精英都在玩的 300个 思维游戏

216 星星的标号

　　威拉德·斯达芬德在观看自己最新的发现。他发现太阳系中的6颗恒星是在3个重叠的轨道上旋转的，他在它们会聚在一点产生超新星之前很快给它们起了名字。威拉德把这几颗恒星从1到6标上号，这样就组成一个恒星思维游戏。那么，你能重新给这几颗恒星标号，使每个轨道上的4颗恒星相加的和是14吗？

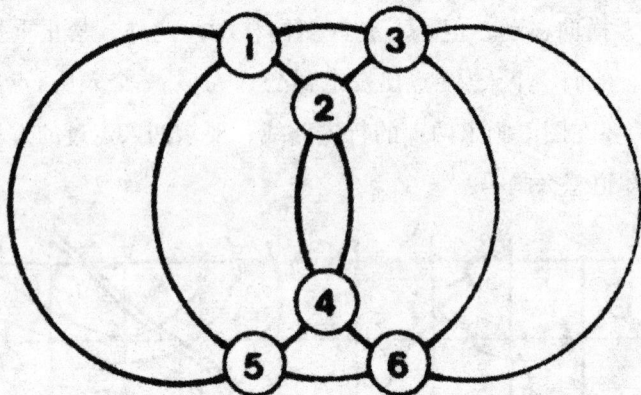

217 加尔文的玩具

　　有一天，加尔文·克莱克特伯尔买下了一些铁制的机械玩具收藏品，他因此大花了一笔。其中，包括自动倾卸卡车、蒸汽挖土机以及农用拖拉机，我们据此编成了一个题。他买了下面4堆玩具：

　　第1堆有1辆拖拉机、3辆挖土机以及7辆卡车，花了140元。

　　第2堆有1辆拖拉机、4辆挖土机以及10辆卡车，花了170元。

　　第3堆有10辆拖拉机、15辆挖土机以及25辆卡车。

　　第4堆有1辆拖拉机、1辆挖土机以及1辆卡车。

　　请计算出加尔文为第3堆和第4堆玩具花了多少钱？

218 变化的图形

图中的一系列图像在逐渐变化，从男人的头变成了跪着的女人。从最左边的男人的头开始，依次观察每个图像，看看在哪个点你的感知发生了质的变化，即开始感觉到了跪着的女人；然后反过来，从跪着的女人开始，看看在哪个点你的感知发生了质的变化，即看到了男人的头。

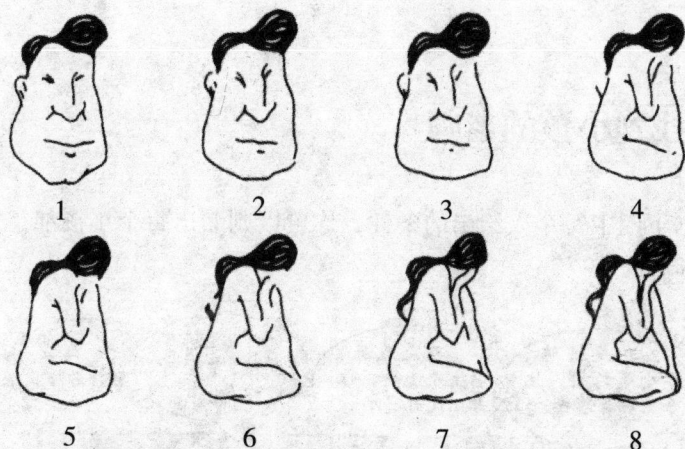

1　　2　　3　　4

5　　6　　7　　8

219 墓志铭中的谬误

斯皮尔牧师在去做晚祷的路上见到了一座墓碑，而碑铭中的某些文字让他很烦恼。他思考了一会儿发现里面有个错误。那么，你能找出牧师发现的那个错误吗？

此墓碑铭如下：悼念本教区的爱德华·方丹先生，他于1823年10月28日逝世，享年66岁；同时，也悼念莎拉·方丹太太，方丹先生的寡妇，她于1812年9月23日逝世，享年52岁。

220 古玩的原价值

有一天，古董商加尔文·克莱克特伯尔买了一个铸铁的喷水龙头：上面是一只鳄鱼，嘴里吞着一条鱼。他为这件绝妙的艺术品支付了90%的"账面"价值。第二天，一个收藏家看见后，说愿意支付高出他25%的费用将其买下。加尔文毫不犹豫地答应了，这样，他就从这笔交易中赚了105元。那么，你能推算出这件诱人的古玩的账面价值是多少吗？

221 找到小孩的老师

根据下图中每个人给出的条件，你可以判断出每个小孩都是分属于哪位老师吗？

222 维扎德的计算

曼特尔·维扎德又一次看透了你的心思。他是这样做的：让一个人写下任意1个三位数，每位上的数字可以不一样。然后，让出题者把数字颠倒，并且用大的数减去小的数。最后，让出题者告诉他这个结果的末位数。假如这个末位数字是8。根据这些信息，他就可以猜出完整的结果。在查看答案之前，请你试试，看能否明白维扎德的计算方法。

223 慈善晚宴

慈善盛宴正在举行，巴尼·布朗德巴斯想在长廊上进行的射击比赛中赢得奖品。射击3次需要支付10元；如果击倒的3只鸟上的数字相加正好等于50，那么，他将赢得一枚金色的慈善者勋章。但是，巴尼却把钱输光了。那么，你有没有兴趣试试呢？

224 谁会赢得比赛

比赛路线从起跑线到老橡树长14米，所以，整个比赛路线的总长度就是28米。蚱蜢一下能跳3米，而青蛙一下只能跳2米。蚱蜢每跳3次，青蛙可以跳5次。

当它们到达老橡树时，要转而往回跑，跑回起跑线。最先到达起跑线的获胜！如果这样的话，它们谁会首先越过"终点线"获胜呢？

225 对应的关系

根据图中每个人所说的话判断出他们的对应关系。

226 看望安妮姑妈

有一天，贝蒂和纳丁准备骑车到20千米以外的乡村看望安妮姑妈。当他们行驶了4千米的时候，贝蒂的自行车出了问题。她不得不把车子用链子拴在树上。由于很着急，她们决定继续尽快向前走。她们有两种选择：要么2人都步行；要么1个人步行，1个人骑车。她们都能以每小时4千米的速度步行或者以每小时8千米的速度骑车前进。她们决定制定一个计划，即在把步行保持在最短的距离的情况下，利用最短的时间同时到达姑妈家。那么，她们是如何安排步行和骑车的呢？

227 数火柴放硬币

有7根火柴和6枚硬币。如图所示，桌上的火柴被摆放成一个星形。从任意1根火柴沿顺时针方向开始数，数到第3根就把1枚硬币放到火柴的顶端。接着仍然沿着顺时针方向数，在每次数到没有放过硬币的第3根火柴顶端放1枚硬币。在数的时候不可以跳过顶端已经有硬币的火柴。那么，你能把6枚硬币分别放到不同的6根火柴的顶端吗？

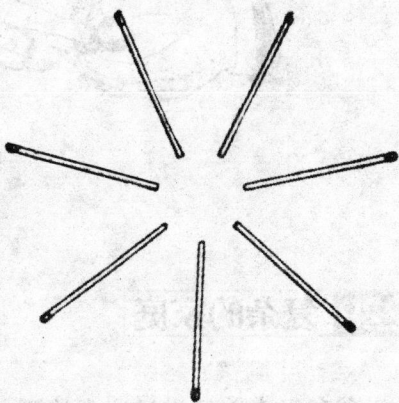

228 瓶塞游戏

这是个很好的瓶塞思维游戏，你可以在你下次葡萄酒品尝会上拿它来考考你的客人。接下来，我要请19世纪最好的思维游戏出题者，霍夫曼教授介绍这个题：

"准备2个葡萄酒瓶的瓶塞，然后按照图1的样子把它们夹在手上（即：每个瓶塞都横着放在拇指的分岔处）。现在，用右手的拇指和中指抓住左手上的瓶塞（两根手指抓住瓶塞的两端），与此同时，再用左手的拇指和中指抓住右手上的瓶塞，然后，把两个瓶塞分开。"

上面的操作听起来很简单，但是初学者在尝试的时候会出现图2的情况。而这正是这个游戏要避免的，必须将2个瓶塞自然地分开。

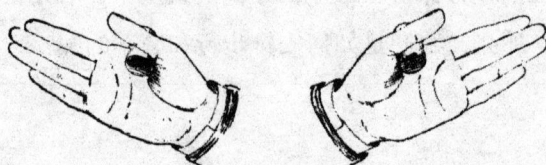

图1

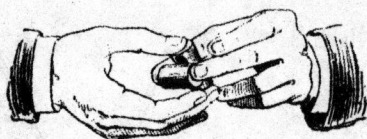 

图2

229 复杂的家庭

爷爷汤森曾经讲过这个故事。好像是在他的一次生日宴会上，当时有10位家庭成员，此外还有许多客人。其中，有1个祖父和1个外祖父、1个祖母和1个外祖母、3个父亲和3个母亲、3个儿子和3个女儿、1个婆婆和1个岳母、1个公公和1个岳父、1个女婿、1个儿媳、2个兄弟、2个姐妹。

那么，你能判断出参加祖父生日宴会的家庭成员的家庭关系吗？

230 漂亮的贝壳盒子

加里给妹妹罗卡买了一个漂亮的小盒子。罗卡还没到上学的年龄，但是已经能从1数到10了。她很喜欢这个盒子，因为在盒子的每条边都可以数出10枚贝壳。

一天，妈妈在擦拭盒子的时候不小心打碎了4枚贝壳。加里重新排列了一下剩余的32枚贝壳的摆放位置，然后把贝壳粘好，盒子里每条边上仍然有10枚贝壳。几天后，盒子掉到了地板上，又有6枚贝壳摔碎了。加里又重新排列了一下剩余贝壳的摆放位置，使罗卡数贝壳的时候仍然在每条边上都能数到10。你知道加里两次是怎么排列贝壳的吗？

（注：圆圈代表贝壳。）

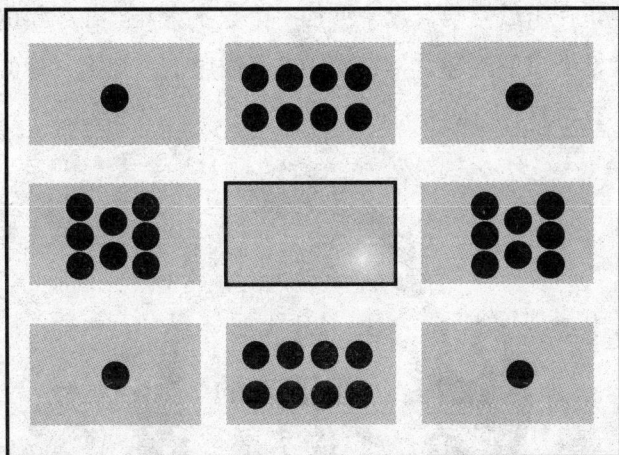

231 计算阴影面积

这是一个很巧妙的几何题。右图中有两个正方形，小正方形的边长为3厘米，大正方形的边长为4厘米，大正方形的左上角正好位于小正方形的中心点X，大正方形绕X点旋转直到它的顶边与线段ac相交于b点。那么，

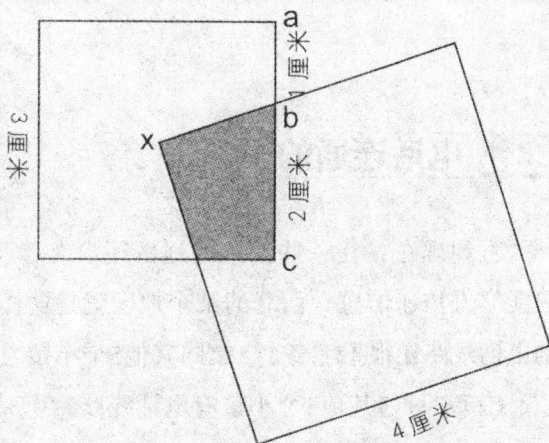

世界精英都在玩的
300个
思维游戏

你能根据以上的提示信息计算出阴影部分的面积吗？

232 鼓膜上的数字

很久以前，有个先生叫霍华德·迪斯丁，他是一个乐器制作商。下图中的他正在击鼓召唤大家来参加一个数字竞赛。在今年的乐器集会上，为了激发大家的兴趣，他把题印在了鼓膜上。那么，你知道数字串里的下一个数字是什么吗？

77，49，
36，18，？

接下来的
数字是
什么呢？

233 电话连通的小镇

直到现在，在一些偏远的地区还没有普及电话。有的镇与镇之间只能靠人传递信息，西北的某个地区就是这样。该地区的6个小镇之间的电话线路还很不完备。A镇同其他5个小镇之间都有电话线路；但是B镇、C镇却只与其他4个小镇有电话线路；D、E、F三个镇则只同其他3个小镇有电话线路。而且，这些镇之间的电话线路都是直通的，也就是无法中转。如果在A镇装个电话交换系统，A、B、C、D、E、F六个小镇都可以互相通话。但是，电话交换系统要等半年之后才能建成。在此之前，两个小镇之间必须装上直通线路才能互相通话。我们还知道D镇可以打电话到F镇。

请问：E镇可以打电话给哪3个小镇呢？

234 布置线路的困惑

当施工人员将下图中的3座房子盖好之后，他们遇到了十分麻烦的建筑法规。现在要将水、煤气和地下电线通到每座房子，但是施工人员被告知任何1条线路都不能从其他线路的下面、中间以及上面穿过。其中一个施工人员想了1个星期才想出来可以把任务完成的办法。那么，他是如何摆脱城市建设中的困境的呢？

 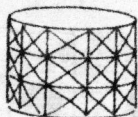 

水厂　　　煤气公司　　　　电厂

235 两个弹弹球

一个小的弹弹球和一个大的弹弹球互相撞击，从1到2米的高度同时落下，最后小球会发生什么样的情况？

236 盒子中的硬币

下面是我们所喜欢的置换思维游戏中的一个。首先，在2、3、4这3个盒子的黑色圆点上各放1枚5角硬币，在5、6、7这3个盒子的白色圆点上各放1枚1角硬币。然后用7步把它们的位置互换，把硬币从一个盒子沿着连接盒子的深色线移到另外一个盒子里，每枚硬币都必须移到一个空盒子里。

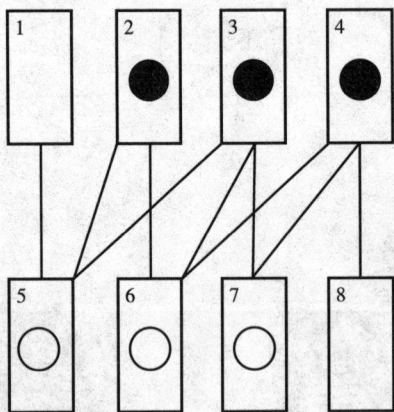

237 下落的瓶子

一个女士激动地从2楼窗口扔下一只瓶子。瓶子以一定的速度落到地上，要使瓶子落到地面的速度是这个女士所扔速度的2倍，那么高度应该上升多少？

238 浴缸中的戒指

假设你泡在一个浴缸里，在玩具小鸭上压上重物，看看它下沉前能有多少负重。你放上一只沉重的金属戒指，它没有下沉，然后戒指从它的背上滑下，沉到了缸底。在戒指下沉时，水位会上升、下降，还是保持不变？

239 悬浮的乒乓球

把一只乒乓球放进一个漏斗里，然后用嘴含住漏斗的下漏口，仰起头奋力一吹。乒乓球并没有撞到屋顶的天花板，而是在空中的某个位置停了下来。你吹的力气越大，它停的位置越高，你能解释这种奇怪现象的原因吗？

240 玩玻璃球的男孩们

几个男孩在一起玩玻璃球。每个人要先从盒子里拿12个玻璃球。盒子中绿色的玻璃球比蓝色的少，而蓝色的玻璃球又比红色的少。因此，每个人红的要拿得最多，绿的要拿得最少，并且每种颜色的玻璃球都要拿。小明先拿了12个玻璃球，其他的男孩子也都照着做。盒子中只有三种颜色的玻璃球，且数量也刚好够大家拿。

几个男孩子最后把球看了一下，发现拿法全都不一样，而且只有小强有4个蓝色球。

小明对小刚说："我的红球比你的多。"

小刚突然说："咦，我发现我们3个人的绿色球一样多啊！"

"嗯，是啊！"小华附和说，"咦，我怎么掉了一个球！"说着把脚边的一个绿球捡了起来。

几个男孩手里总共有26颗红色的玻璃球。请问这里有多少个男孩？各种颜色的球各有多少个？

241 打破纪录的比赛

这张新闻照片上的是4名年轻的女运动员，她们在最近的国家青年运动锦标赛中打破了各自参赛项目的纪录。根据下面的信息，你能认出图片中的4个女孩，并说出她们各自打破了什么项目的纪录吗？

（1）凯瑞旁边的两个女孩都是打破了跑步类项目的纪录。

（2）戴尔芬·赫尔站在标枪运动员旁边。

（3）洛伊斯不在2号位置。

（4）1号位置的女孩打破了跳远项目的纪录，她不姓福特。

（5）名叫哈蒂的运动员打破了400米项目的纪录，但她不叫瓦内萨。

姓：福特、赫尔、哈蒂、琼斯

名：戴尔芬、凯瑞、洛伊斯、瓦内萨

比赛项目：100米、400米、标枪、跳远

242 吹蜡烛

如果你朝两支点燃的蜡烛之间吹气，会发生什么情况？

243 迷宫的路线

这个思维游戏虽然不难解决，但却足以引起你的好奇心。进入迷宫后，请在60秒内到达"弗利沙的古堡"。

244 爆炸装置

要排除这个爆炸装置，你必须按正确的顺序按键，一直按到"按键"这个钮。

每个键你只能按1次，标着"U"字母的代表向上，"D"代表向下，"L"表示向左，"R"表示向右。键上所标明的数字是你需要迈的步数。

请问你第1个按的应该是哪个键？

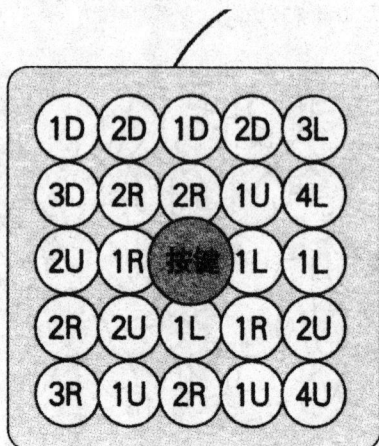

1D	2D	1D	2D	3L
3D	2R	2R	1U	4L
2U	1R	按键	1L	1L
2R	2U	1L	1R	2U
3R	1U	2R	1U	4U

245 正确的时间

克兰西三兄弟是纽约市古老的熨斗大楼里最出色的清洁工，为了对他们的准时表示感谢，业主们送给他们每人一块卡兰德手表。但是，麻烦也随之而来。布莱思那块表很准时，巴里那块表每天都慢1分钟，而帕特里克的表则每天都快1分钟。如果兄弟三人在收到手表的那天中午同时把手表调到准确时间并且此后不再调整手表的话，那么这3块手表需要过多少天才能再次在中午显示正确时间呢？

246 争吵的好朋友

传说很久以前，有两个好朋友——比利·伯恩斯和派斯特·皮耶，他们在布奇特·奥布拉德烈酒商店大吵起来。原因是比利拿来一个5升的空桶，他让派斯特往里面倒4升最好的朗姆酒，但是商店只有一个旧的3升锡铅合金的小罐，无论派斯特怎么试，他都无法用这个3升的小罐给这个5升的空桶打够正好4升的朗姆酒。派斯特屡屡受挫，致使他们大打出手，如果你当时在场的话，你应该如何帮助他们解决这个恼人的难题呢？

247 棋盘上的骑士

尼琴想用骑士从棋盘左下角（a1）出发，不重复地走完棋盘上的所有方块，最后到达棋盘的右上角（h8）。他能成功吗？

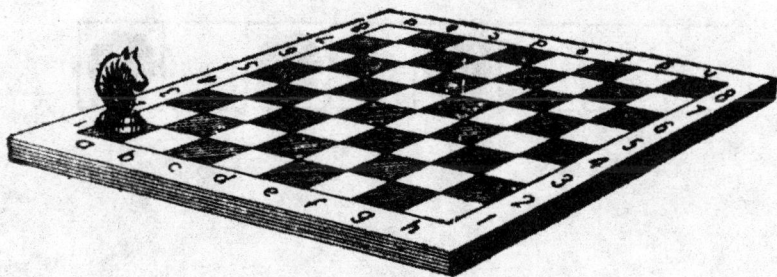

248 转动的轮子

如图所示，转轮A、B、C、D由皮带相连接。假如轮A开始如箭头所示沿顺时针旋转，那么，是不是所有的4个轮子都能转动？如果都能转动的话，其他3个轮子的转动方向是什么？

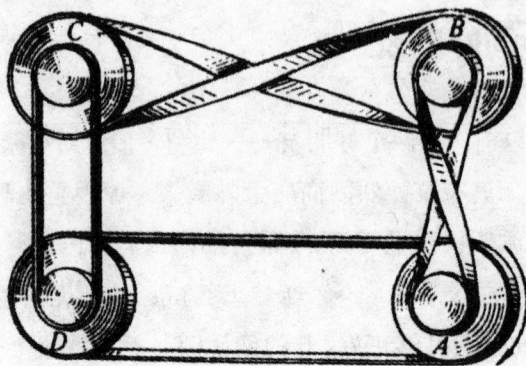

249 移动棋子

在图中8个方块的d、f、h位置上有3枚棋子。甲乙两人轮流移动棋子，每次移动必须将棋子从右向左移动，移动到任意位置均可，不论该位置上是否已有棋子。把最后1枚棋子放入a中的玩家获胜。如果甲先走，你能找到必胜的走法吗？

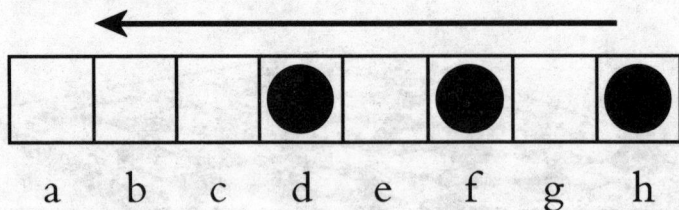

a　b　c　d　e　f　g　h

250 纸牌游戏

从一副牌里抽出4张K和4张Q。将这8张牌放一堆，Q正面向下放在K的上边。把这堆牌拿起，把第1张牌（Q）正面向上放在桌子上。然后拿起第2张牌把它正面向下放到手里牌的底部。把第3张牌正面向上放在桌子上。第4张牌正面向下放在手里牌的底部。依此类推，直到所有的牌都是正面朝上。这个时候这8张牌的顺序是什么？

251 连接的线路

不要使用指示物，只用眼睛看，标有数字的路线中，哪一条能够到达标有字母C的目的地？

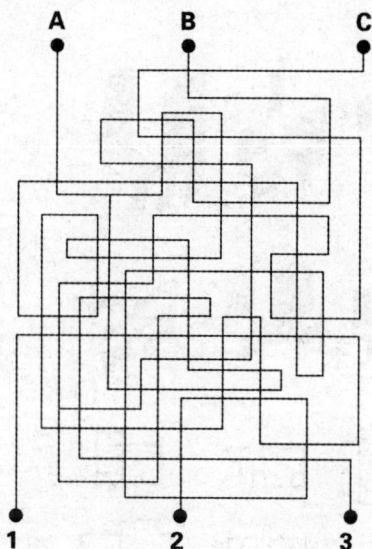

252 拯救乘客

弗瑞德是平民小说中的英雄，他现在急需你的帮助！弗瑞德和他的朋友们抓住了一伙火车打劫者，现在他必须解救午后乘车的旅客。他想打信号使刚刚从死人隧道中出来的火车停下，但是距离太远。正好，有辆日常客车正从隧道另一端的入口进入，它的行驶速度是75千米/小时，隧道长0.5千米，火车需要6秒钟才能完全进入隧道。如果弗瑞德以最快的速度跑，他到达隧道的出口需要27秒的时间。那么，要使火车司机在看到信号后停车，他是否足够快呢？

253 正确的蓝图

建筑师们准备建造的八栋大楼的蓝图图纸因为某些原因被搞混了，下面图（2）中就是这八栋大楼正视或俯视的蓝图。你能为这些大楼模型找出正确的蓝图图纸吗？

图（1）大楼模型。

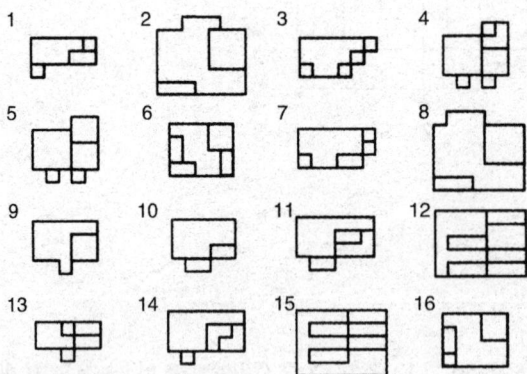

图（2）混乱的蓝图。

254 隐藏的东西

在每行或每列的旁边有一些数字，它会告诉你在这一行或列中将有几个黑色的方格。举个例子，2、3、5这几个数字就是告诉你，从左到右（或从上到下）将依次出现1组2格的黑色方格，然后有1组3格的，最后还有1组5格的。

虽然在每组黑色方格的前后可能（或不可能）出现白色方格，但在同一行（或同一列）内，每组黑格与其他组之间最少夹有1个白格。你能看出这道题里所隐藏着的东西吗？

255 相识纪念日

汤姆和杰瑞是一对情侣，他们是在一家健身俱乐部首次相遇并相互认识的。一天，杰瑞问汤姆他们相识的纪念日是哪一天，可汤姆并没有记住确切的日期，他只记得以下这些信息。

（1）汤姆是在一月份的第一个星期一那天开始去健身俱乐部的。此后，汤姆每隔四天（即第五天）去一次；

（2）杰瑞是在一月份的第一个星期二那天开始去健身俱乐部的。此后，杰瑞每隔三天（即第四天）去一次；

（3）在一月份的31天中，只有一天汤姆和杰瑞都去了健身俱乐部，正是那一天他们首次相遇。

你能帮助汤姆算出他们的相识纪念日是一月份的哪一天吗？

256 燃气式浴缸

拉玛尔教授居住在委内瑞拉的一所公寓内。二楼的浴室是一个旧式的燃气式浴缸，他观察到一些有关它的事情：如果打开凉水的水龙头，浴缸中放满水的时间为6分40秒；如果打开热水的水龙头，那么浴缸中放满水的时间为8分钟；如果拔掉浴缸中的水塞子，放完水需要13分20秒。

现在，拉玛尔教授有了一个奇怪的想法：如果拔掉塞子，并同时打开热水和冷水的水龙头，那么，需要多长时间才可以使浴缸中放满水？

257 翻动纸牌

这个游戏来自于澳大利亚，取两副扑克牌，一副扑克牌的背面是蓝色，另一副是红色。然后，从扑克牌里挑选出4张，2张面朝上而另外2张面朝下（如图）。现在，问题是：桌子上的每张蓝色底面的扑克牌在其另一边都有1张K吗？

要解决这个难题，你可以将2张扑克牌翻过来。那么，你会翻哪2张扑克牌呢？

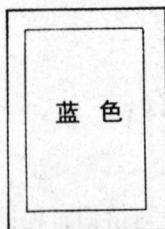

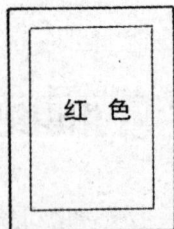

(1)   (2)

(3)   (4)

258 旗子的顺序

路边插着一排彩旗，白色旗子和紫色旗子分别位于两端。红色旗子在黑色旗子的旁边，并且与蓝色旗子之间隔了两面旗子；黄色旗子在蓝色旗子旁边，并且与紫色旗子的距离比与白色旗子之间的距离更近；银色旗子在红色旗子旁边；绿色旗子与蓝色旗子之间隔着4面旗子；黑色旗子在绿色旗子旁边。

（1）银色旗子和红色旗子中，哪面旗子离紫色旗子较近？

（2）哪种颜色的旗子与白色旗子之间隔着两面旗子？

（3）哪种颜色的旗子在紫色旗子旁边？

（4）哪种颜色的旗子位于银色旗子和蓝色旗子之间？

259 纽约港的巨轮

巨轮出现在蒸汽运用的鼎盛时期，而纽约港便成了它们的停泊地。一天，有3艘轮船驶出纽约湾海峡并驶向英国的普利茅斯。第1艘轮船12天后从普利茅斯返回，第2艘轮船用了16天完成了航行，而第3艘轮船用了20天才回到纽约港。因为轮船在港内的休整时间是12个小时，所以轮船抵港的日期就是它们返航的日期。那么，需要多少天这3艘轮船才能再次同一天驶出纽约港，同时，在这期间每艘轮船将会航行多少次？

260 采蘑菇的孩子们

玛露西亚、柯里、瓦尼亚、安德和佩提亚5个人一起去采蘑菇。只有玛露西亚在认真地采蘑菇，剩下的4个男孩躺在草地上聊天。到了该回去的时候，玛露西亚采了45个蘑菇，男孩们的手里一个也没有。于是，玛露西亚把自己的蘑菇分给每个男孩一些，自己什么也没留下。

回去的路上，柯里找到了2个蘑菇，安德找到了与自己手中数目相等的蘑菇。瓦尼亚丢了2个蘑菇，佩提亚丢了一半的蘑菇。到家后，他们查了一下蘑菇的数量，发现每个男孩手中的蘑菇数相等。那么，玛露西亚分给几个男孩各多少个蘑菇呢？

261 奇怪的电梯

一栋19层的大厦，只安装了一部奇怪的电梯，上面只有"上楼"和"下楼"两个按钮。"上楼"按钮可以把乘梯者带上8个楼层（如果上面不够8个楼层则原地不动），"下楼"的按钮可以把乘梯者带下11个楼层（如果下面不够11个楼层则原地不动）。用这样的电梯能够走遍所有的楼层吗？

从1楼开始，你需要按多少次按钮才能走完所有的楼层呢？你走完这些楼层又是怎样的顺序呢？

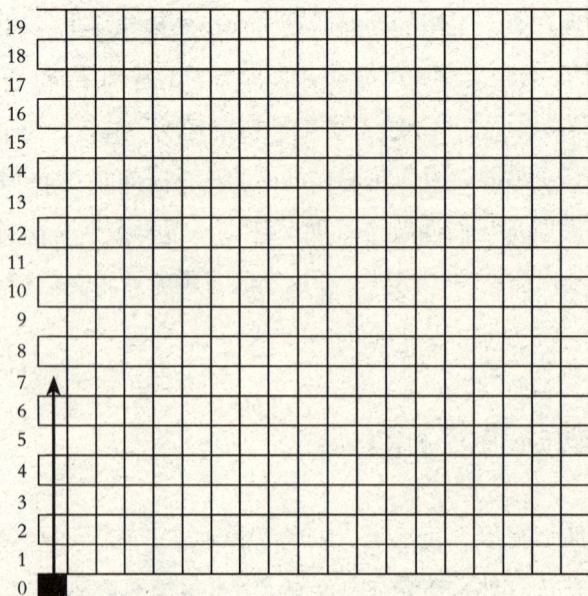

262 魔鬼的计谋

有个懒人遇到了一个魔鬼。魔鬼说："我给你一份好差事。看到那座桥了吗？你每过一次桥我就让你的钱翻一倍。但你必须在每过一次桥后给我24元钱。"懒人同意了。他过了桥，果然他的钱翻了1倍。他把24元钱给了魔鬼，然后再次过桥。他的钱再次翻倍，他又给了魔鬼24元钱。在第3次过桥后，他的钱又增加了一倍，但是他只剩下24元钱了。他把钱给了魔鬼，魔鬼笑了笑，消失得无影无踪。请问：这个懒人身上原来有多少钱？

263 看图形数方块

下图中共有多少个立方体：

264 走不准的挂钟

一个住在深山中的猎人，他只有一只挂钟挂在屋子里。这天，因为忘了上发条钟停了，而附近又没有地方可以校对时间。

他决定下山到集市购买日用品，出门前他先上紧挂钟的发条，并记下了当时挂钟的时间：上午6:35（时间已经不准了）。途中他经过电信局，电信局的时钟是很准的，猎人看了钟并记下了时间：上午9:00。到集市采购完需要的商品，猎人又原路返回。经过电信局时，电信局的时钟显示是上午10:00。

回到家里，墙上的挂钟指着上午10:35。请问现在的标准时间是多少？

265 会走动的硬币

在铺好桌布的桌子上放1枚1角硬币，然后在这枚硬币的两边各放1枚1元硬币，再将1个倒置的玻璃杯放在这2枚硬币的中间位置上。玻璃杯放好之后的样子要和下图一致。好了，现在做游戏！你必须把那枚1角硬币从玻璃杯底下移出来，但是不能移动玻璃杯或者那2枚1元硬币。而且，你也不能借助其他东西将1角硬币从玻璃杯下面推出来。该怎么做呢？

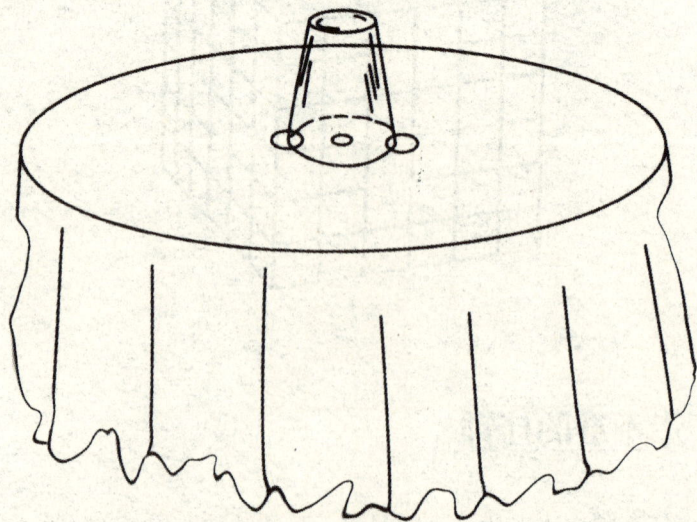

266 涂漆

假如涂满一个小立方体的各个表面需要2升的油漆，那么涂满下面这个物体的表面需要多少升油漆（包括图画背面的表面）？

267 方块中的难题

如图所示，图中的白色方块中已经放了1颗星。现在要求你在图中的白色方块中放入7颗星，但是任意2颗星在纵向、横向和斜向上均不处于同一条直线。

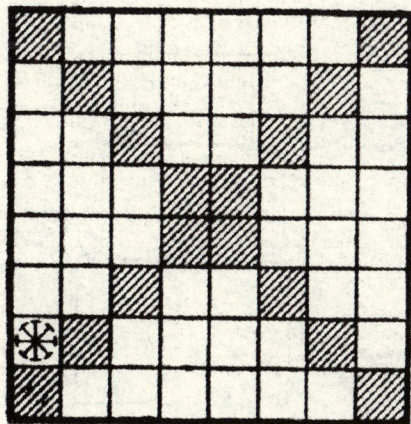

268 另类调钟法

有一天，杰克忘记上发条，挂钟停了。之后他去拜访一位朋友，朋友的表时间准确，杰克待了一阵就回家了。然后他把挂钟的时间调对了。

杰克身上没有表，他是怎么把挂钟的时间调对的呢？

269 五个箱子

总共有五个箱子。箱子C嵌入箱子A中，箱子D嵌入箱子B或者箱子C中。并且，箱子A不是最大的。

如图所示，我们可以看到箱子1是最大的，越往上箱子越小。箱子5是最小的。箱子A和箱子E对应箱子的数字之和等于箱子D和箱子C对应箱子的数字之和。那么，你知道箱子A、B、C、D、E和箱子1、2、3、4、5之间的对应关系吗？

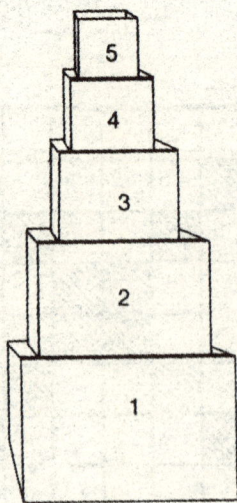

270 凸面镜中的影像

男孩看左边的凸面镜发现自己是上下颠倒的。然后将镜子翻转90°，即右边的凸面镜。这时候男孩看到的自己是什么样子的呢?

271 声音的传导

图中的两个小孩之间离得很远，而且他们中间还隔着一堵厚厚的墙。他们试着通过两根长长的管子来通话，如图所示。请问在哪种情况下他们能够通过管子听到对方讲话?

272 三兄弟的年龄

三兄弟共得到24个苹果，每人得到的苹果数均等于3年前他们各自的年龄。最小的弟弟建议说："我把我的苹果留下一半，剩下的平均分给两位哥哥。而二哥也要像我一样，把你手中的苹果留下一半，另一半平均分给我和大哥。最后大哥也要这样分。"两位哥哥都同意了。结果每人分到了8个苹果。那么，三兄弟的年龄分别是多少？

273 猫抓老鼠

如果5只猫在5分钟可以捉5只老鼠，那么，100分钟要抓100只老鼠需要多少只猫呢？

274 公平事件

2个孩子都拿出数量相同的零花钱合伙买零食吃。A对B说："这些点心每个都是1元钱，而你一共比我多吃了2个，你给我2元钱咱们就算公平了。"B想了想，觉得A说的有理，于是同意了。聪明的朋友，你是如何看待这件事情的呢？

275 瓶子中的药

共有三类药，分别重1g、2g、3g，放到若干个瓶子中，现在能确定每个瓶子中只有其中一种药，且每瓶中的药片足够多，能只称一次就知道各个瓶子中盛的都是哪类药吗？

如果有4类药呢？5类呢？

如果是共有n类药呢？（n为正整数，药的质量各不相同，但各种药的质量已知。）你能只称一次就知道每瓶的药是什么吗？

（注：当然是有代价的，称过的药我们就不用了。）

276 拿硬币赌输赢

有一堆硬币，共500枚。玩游戏的双方轮流从中取走1枚、2枚或4枚硬币。谁取最后1枚硬币谁输。双方总是尽可能采取能使自己获胜的步骤；如果无法取胜，就尽可能采取能导致和局的步骤。问：玩这个游戏的两人中是否必定会有一人赢？如果这样，是先拿的人会赢，还是后拿的人会赢？

277 盒中剩下的球

甲盒放有P个白球和Q个黑球，乙盒中放有足够的黑球。现每次从甲盒中任取两个球放在外面。当被取出的两球同色时，需再从乙盒中取一个黑球放回甲盒；当取出的两球异色时，将取出的白球再放回甲盒。最后，甲盒中只剩两个球，问剩下一黑一白的概率有多大？

278 运动员和乌龟

一名长跑运动员和一只乌龟赛跑，运动员的速度是乌龟的12倍，这场比赛的结果是显而易见的，乌龟一定会输。现在把乌龟的起跑线放在运动员前面12千米处。有人认为，运动员永远也追不上乌龟，理由是：

当运动员跑了12千米时，乌龟也跑了1千米，在运动员的前面。当运动员又跑了1千米的时候，乌龟又跑了1/12千米，还是在运动员前面。就这样一直跑下去，虽然每次距离都在拉近，但是运动员却永远追不上乌龟。你是怎么认为的呢？

279 数学测验

小明班上共有50人参加数学测验，其中40个人做对A题，31个人做对B题，有4个人两道题目都做错。问：小明班上有几名同学只做对了A题？有几名同学只做对了B题？

280 谁用纸币付的钱

美国货币中的硬币有1美分、5美分、10美分、25美分、50美分和1美元这几种面值。

一家小店刚开始营业，三兄弟来到店里吃饭。当这三兄弟站起来付账的时候，出现了以下的情况：

（1）连同店家在内，这4个人每人都至少有1枚硬币，但都不是面值为1美分或1美元的硬币；

（2）这4人中没有一人有足够的零钱可以兑开任何1枚硬币；

（3）老大要付的账单款额最大，老二要付的账单款额其次，老三要付的账单款额最小；

（4）三兄弟无论怎样用手中所持的硬币付账，店主都无法找清零钱；

（5）但是如果三兄弟相互之间等值调换一下手中的硬币，则每个人都可以付清自己的账单而无须找零；

（6）当这三兄弟进行了两次等值调换以后，他们发现手中的硬币与各人自己原先所持的硬币没有一枚面值相同。

随着事情的进一步发展，又出现如下的情况：

（7）在付清了账单以后，三兄弟其中一人又买了一些水果。本来他手中剩下的硬币足够付款的，可是店主却无法用自己现在所持的硬币找清零钱；

（8）于是，他只好另外拿出1美元的纸币付了水果钱，这时店主不得不把他全部的硬币都找给了他。现在，请你计算一下，这三兄弟中谁用1美元的纸币付了水果钱？

281 到站的时间

张教授乘坐高速列车去北京参加一个学术会议。他怕耽误了开会时间，就问列车上的乘务员："火车什么时候到达北京站？"

"明天早晨。"乘务员答道。

"早晨几点呢？"

乘务员看张教授一副学者派头，有意试试他："我们准时到达北京时，车站的时钟显示的时间将很特别——时针和分针都会指在分针的刻度线上，两针的距离是13分或者26分。现在你能算出我们几点到吗？"

张教授想了一会儿，又问道："我们是北京时间4点前还是4点后到呢？"

乘务员笑了一下："我如果告诉你这个，你当然就知道了。"

张教授回之一笑："你不说我也知道了，这下我就可以放心了。"

请问，这列火车到底该几点几分到达北京站？

282 去镇上的时间

比利·特里劳尼是一名老水手。一天，他带了100元去南特基特，到了晚上带了1500元回到家。

他在水手和船桅服装店为自己买了一条领带，又在宾纳克宠物商店为他的鹦鹉买了一些鸟食。然后，他剪了头发。他的工资在每个星期四以支票的形式支付。银行只是在周二、周五以及周六营业，理发店每个周六休息，而宾纳克宠物商店在周四以及周五不营业。你能否根据上面所说的情况判断出比利是在星期几去镇上的吗？

283 按要求填表格

填下面的表格，使得每行每列均包含字母A、B、C和两个空格。表格外的字母表示箭头所指方向的第1或者第2个出现的字母，如B1代表箭头所指方向出现的第1个字母为B，你能完成这个工作吗？

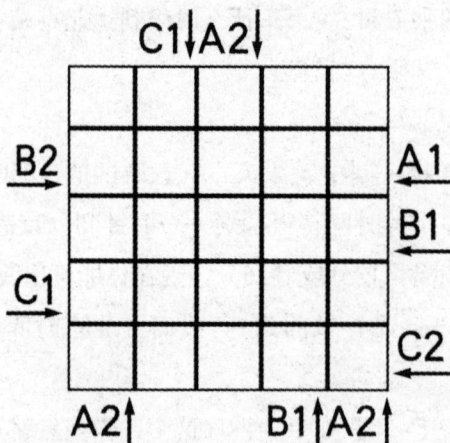

284 医务人员的话

一名医务人员说："医院里的医务人员，包括我在内，总共是16名医生和护士。下面讲到的人员情况，无论是否把我计算在内，都不会有任何变化。"在这些医务人员中：

（1）护士多于医生；

（2）男医生多于男护士；

（3）男护士多于女护士；

（4）至少有一位女医生。

这位说话的人是什么性别和职务？

（提示：确定一种不与题目中任何陈述相违背的关于男护士、女护士、男医生和女医生的人员分布情况。）

285 四口人各自做着什么

傍晚，一家四口人都待在屋子里面，有一个人在做饭，有一个人在看电视，有一个人在整理房间，有一个人在打电话。现在知道：

（1）父亲没有在打电话，也没有在整理房间；

（2）母亲没有在看电视，也没有在打电话；

（3）儿子没有在打电话，也没有在整理房间；

（4）父亲没有看电视，女儿也没有在看电视。

由此你能判断出他们分别在做什么吗？

286 无法满足的承诺

传说，印度的舍罕国王打算重赏国际象棋的发明人——大臣西萨·班·达依尔。这位聪明的大臣跪在国王面前说：陛下，请你在这张8×8的棋盘的第一个小格内，赏给我一粒麦子，在第二个小格内给两粒，在第三个小格内给四粒，照这样下去，每一小格内都比前一小格增加一倍就可以了。国王说：你的要求不高，我会让你如愿以偿的。说着，他下令把一袋麦子拿到宝座前，计算麦粒的工作开始了。但是，令人吃惊的事情出现了：还没到第二十小格，袋子已经空了，一袋又一袋的麦子被扛到国王面前来。但是，麦粒数增长得那样迅速，而格数却增长得很慢。国王很快发现，即使拿出来全国的粮食，也兑现不了他对象棋发明人许下的诺言。算算看，国王应给象棋发明人多少粒麦子？

287 清仓大拍卖

一次屋内用具的清仓大拍卖中，头3样拍卖物被3个不同的竞标人所获，你能根据上述线索说出拍卖物、竞标人以及他们所给出的价码吗？

（1）第2桩买卖中付出的钱比钟贵。

（2）唐纳德带了咖啡桌开心地回家了。

（3）丽贝卡出了15英镑买了东西，她买的东西紧挨着2号墙角柜。

	咖啡桌	墙角柜	钟	塞德里克	唐纳德	丽贝卡	10英镑	15英镑	18英镑
1号									
2号									
3号									
10英镑									
15英镑									
18英镑									
塞德里克									
唐纳德									
丽贝卡									

288 吃猪肉

夫妻二人都喜欢吃猪肉，但是丈夫在有瘦肉的时候只吃瘦肉，而他老婆在有肥肉的时候只吃肥肉。如果两个人一起吃，60天可以吃光一桶肥肉；如果让丈夫自己吃，他能吃30个星期。如果两个人一起吃，8个星期可以吃光一桶瘦肉；如果让老婆自己吃，她能吃40个星期。试问：他们夫妻两人一起吃，把一桶一半是瘦肉，一半是肥肉的混合猪肉吃光，需要多少时间？

289 精明的地毯商

阿布杜是个地毯商，现在他遇到了一个大麻烦。他必须在太阳落山之前把一块边长为10米的正方形地毯交给一位十分富裕的客户。他在仓库里找出一块长12米、宽9米的地毯，他打算用这块地毯来做客户所要的地毯。可是，当他展开这块地毯时，发现中间被剪掉了一块，被剪掉的部分长8米、宽1米。

然而，老练的阿布杜却很快想出一个办法，他把这块地毯剪成了两块，然后再缝在一起，这样便做出一整块边长为10米的正方形地毯。那么，他是怎么做的呢？

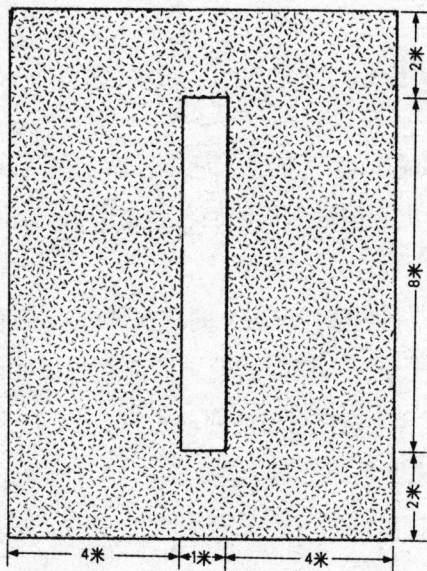

290 抓巫将军

在17世纪中期，"抓巫将军"马太·霍普金斯主要负责捕捉那些被人们认为是巫婆或者巫师的人，他所捉到的人中有3个巫婆来自思托贝瑞附近的乡村。根据下面的信息，你能说出每个巫婆的名字、绰号，以及各自的家乡和被认为是巫婆的时间吗？

（1）艾丽丝·诺格斯被称为"诺格斯奶奶"是很自然的事情。

（2）马太·霍普金斯1647年在盖蒙罕姆抓到了一个女巫并把她送到了法院接受审判。

（3）"蓝鼻子母亲"不是在1648年被确定为女巫，也不是来自里球格特乡村，一生居住在这个乡村的也不是克莱拉·皮奇。

（4）1649年，经抓巫将军证实，"红母鸡"是一个和魔鬼勾结在一起的女巫。从希尔塞德抓到的那名妇女被证实是女巫，随后的第2年伊迪丝·鲁乔也被确认为女巫。

291 出行的四人

某一天，同一村庄的4个年轻人朝东、南、西、北4个方向出行。从以下所给的线索中，你能推断出他们各自走的方向、出行的方式以及出行原因吗？

（1）安布罗斯和骑摩托车去上高尔夫课的人走的方向刚好相反。

（2）其中一个年轻人所要去的游泳池在村庄的南面，而另外一个年轻人参加的拍卖会不是在村庄的西面举行。

（3）雷蒙德离开村庄后直接朝东走。

（4）欧内斯特出行的方向是那个坐巴士的年轻人出行方向逆时针转90°的方向。

（5）坐出租车出行的西尔威斯特没有朝北走。

姓名：安布罗斯、欧内斯特、雷蒙德、西尔威斯特
交通工具：巴士、小汽车、摩托车、出租车
出行原因：拍卖会、看牙医、上高尔夫课、游泳

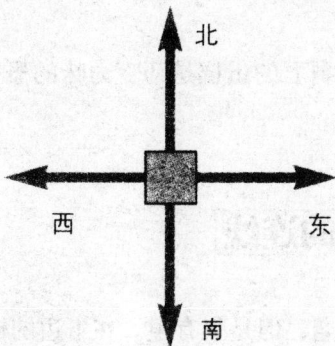

292 是否交换的博弈

一个综艺节目举行抽奖游戏。他们准备了两个信封，里面有数额不等的钱，交给A、B两人。两人事先不知道信封里面钱的数额，只知道每个信封里的钱数为5、10、20、40、80、160元中的一个，并且其中一个信封里的钱是另一个信封里的2倍。也就是说，若A拿到的信封中是20元，则B拿到的信封中或为10元，或为40元。

A、B拿到信封后，各自看了自己信封中钱的数额，但看不到对方信封中钱的数额。如果现在给他们一个与对方交换的机会，请问，他们如何判断是否交换？

293 抽屉里的蛋糕

玛丽在厨橱的第1个抽屉里放了2个巧克力纸托蛋糕，在第2个抽屉放了1个巧克力纸托蛋糕和1个香草纸托蛋糕，在第3个抽屉里放了2个

香草纸托蛋糕。她哥哥知道蛋糕的放法，但是不知道具体哪个抽屉放什么蛋糕。

玛丽打开一个抽屉，拿出一个巧克力纸托蛋糕，并对哥哥说："如果你能告诉我这个抽屉里的另外一个蛋糕是巧克力味的概率是多少，我就给你想要的蛋糕。"

那么，这个抽屉剩下的蛋糕是巧克力味的概率是多少?

294 不能相交的连线

这个题虽然很古老，但是很有趣。在下边的格子上有5对圆点，分别标着A至E这几个字母。请将各对字母相连：A与A、B与B、C与C、D与D、E与E。你必须沿着格子上的直线连线，彼此路线不能相交或者重叠。

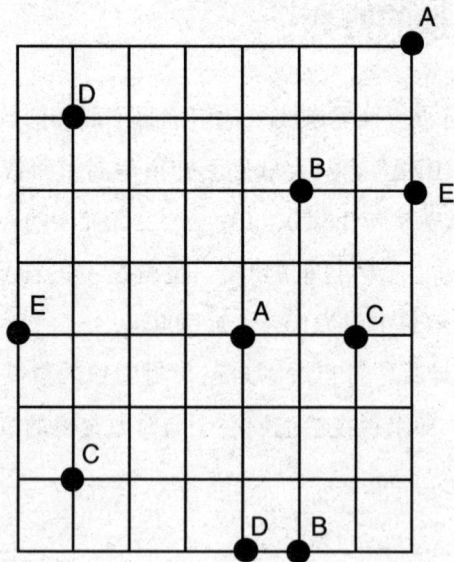

295 花园漫步的女士

有位女士，她的花园小道有2米宽，道路两边都有篱笆。小道呈回形，直至花园中心。有一天，这位女士步行丈量小道到花园中心的长度，并忽略篱笆的宽度，假设她一直走在小道的中间，请问她走了多远？

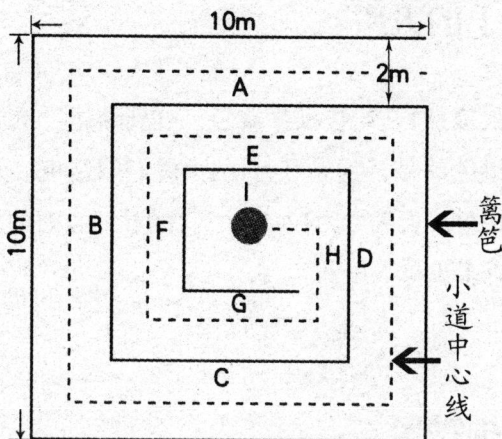

296 皮皮的故事

在百米比赛后，皮皮得到倒数第一。他觉得很丢人，但是妈妈却很想知道最后的结果，于是皮皮就拐弯抹角地说出这场比赛的结果：

（1）丁丁参加了这场比赛，但是没有获得第1名；

（2）北北比阿超高了2个名次，但是北北不是第2名；

（3）东东没有获得冠军，也不是最后一名。

（4）丁丁比强强高了1个名次。

妈妈听糊涂了，问他怎么没有说自己。皮皮回答："我就在里面……"你知道皮皮是他所描述的哪位同学吗？

297 房间里的猫

房间的墙角有几只猫，每只猫的对面有3只猫，每只猫的尾巴指向一只猫。那么，一共有几只猫呢？

298 街道上的大厦

街道上的大厦从1开始按顺序编号，直到街尾，然后从对面街上的大厦开始往回继续编号，到编号为1的大厦对门结束。每栋大厦都与对面的大厦恰好相对。若编号为121的大厦在编号为294的大厦对面，那么这条街两边共有多少栋大厦？

299 快手抓钞票

右手拿着1元的钞票，并与胸口平行。另外一个人用拇指和食指虚夹在钞票的中间部位，并与钞票的距离保持在2厘米左右，他的手不能接触钱币。然后，告诉他如果你放手的话，钞票会从他的两个手指之间掉下去，而且他肯定抓不住。这个听起来是不是很简单呢？

300 智取黄金绳索

在一次十字军东征时，好奇的古德温爵士遇到了寓言中的苏莱曼黄金绳索。这两根绳子相距0.5米，且一端已经固定在他所占领的城堡大厅的拱顶上，它们距离地面0.8米。由于时间紧迫而且没有梯子，所以古德温爵士无法利用梯子把它们剪下来，于是他只能用手拽着绳子仗着胆子往上爬，然后用匕首尽可能将两根绳子多切掉一些。但是，天花板离地面很高，任何人摔下来都会致命。那么，古德温爵士是如何将城堡中的这两根黄金绳子带走的呢？

世界精英都在玩的

300个

思维游戏

[答案]

001. 奇怪的数据

答案：很多问题并不是表面看起来那样子，只要我们找对匹配的钥匙就能解开谜题。这组数据是一组钟表的数据。17对应的是下午5点，14对应的是下午2点，16对应的是下午4点，13对应的是下午1点，15对应的是下午3点。

002. 五个不孝儿的难题

答案：老大、老四和老五有钱，说假话；老二和老三没钱，说真话。

从老五的话入手，老大承认过他有钱，这句话一定是假话。因为如果老大有钱，他不会说自己有钱；如果老大没钱，他也不会假冒自己有钱。所以老五说的是假话，老五有钱，老三没钱。

说实话的老三说："老四说过，我们兄弟五个都没钱。"说明老四有钱。

老四说："老大和老二都有钱。"说明老大和老二中至少有一个是没钱的。

老大说："老三说过，我的四个兄弟中，只有一个有钱。"现在已经确定老三说实话，而且老四、老五都有钱了，所以老大说的是假话，老大有钱，而老二没钱。

003. 聪明的教练

答案：让队员投入自己篮筐里一个2分球，使比分相同，通过加时赛，还有取胜的可能。

这道题的背后讲述的是一个真实的故事：当时保加利亚队正在进行着一场比赛，这位聪明的教练要了一次暂停，暂停结束后，他们发球，一名队员接球后故意将球投入了自己的篮筐。比分平了，结束时间也到了。双方战平，打加时赛。在加时赛中，保加利亚队一鼓作气打得相当出色，最后以领先8分赢得了比赛。

➩004. 烙饼的可行方法

答案：我们把饼的两个面分别叫做正面和反面，这样，用3分钟煎3张饼的方法如下：

第1分钟，煎第一张饼和第二张饼的正面。

第2分钟，先取出第二张饼，放入第三张饼。然后煎第一张饼的反面和第三张饼的正面。这样，第一张饼煎熟。第二张饼和第三张饼都只煎了正面。

第3分钟，煎第二张饼和第三张饼的反面。这样，3张饼就都煎好了。

➩005. 幸运的号码

答案：每一轮都是偶数留下，轮到最后还将是偶数留下。所以只要站在这个偶数位上，他将会有幸被赦免。这个号码就是64。

➩006. 三个客人的身份

答案：根据题目中"A客人和推销员并不是同岁的，推销员比B客人的年龄小"，可以知道C的身份是推销员。由"C客人比医生的年龄大，推销员比B客人的年龄小"，可以知道B的身份是律师，A为医生。

最终排列他们的对应关系为：

客人A，医生；客人B，律师；客人C，推销员。

➩007. 和平分汤法

答案：让第一个人将汤分成他自己认为均匀的3份；让第二个人将其中的2份汤重新分配，分成他认为均匀的2份；让第三个人第一个取汤，第二个人第二个取汤，第一个人第三个取汤。

➩008. "捉弄人"的大钟

答案：6点时，长短针成为一条直线，这是老钟表匠装表的时间。

从6点开始，每增加"1小时5+5/11分"，长短针将会再次成为一条直线。7点以后，两针成为一条直线的时间是"7点5+5/11分"；8点以后，两针成为一条直线的时间是"8点10+10/11分"。

☞009. 猜猜报纸多少页

答案：因为第8页之前有7页，所以第21页之后肯定也有7页。由此可以知道，这份报纸一共有28页。

☞010. 石碑上的谜题

答案：

$$1 \ 7 \times 4 = 6 \ 8 + 2 \ 5 = 9 \ 3$$

☞011. 数字纸牌游戏

答案：将8和9交换一下，这样两列之和就相等了。

1	2
2	4
7	5
9	8

012. 妈妈的考验

答案： 22只鸟，14只狮子。

013. 关于猫的考题

答案： 因为母猫还有2条命，小猫则分配25条命中的23条。这就意味着可能出现2种答案：7只小猫（1只剩余5条命的，6只剩余3条命的）或者5只小猫（1只剩余3条命的，4只剩余5条命的）。

014. 疯狂的变形虫

答案： 不要被数据所迷惑了！在第39分钟，变形虫才装满烧杯的一半。

015. 警察VS小偷

答案： 小偷将会一直领先警察一步，因为偶数步不会改变奇偶性。所以，要改变这种局面的唯一办法就是警察（网格线圆）走过三角形的街区一次。

016. 金太太受骗记

答案： 宠物店老板并没有说谎，却是一个奸诈的老板。因为他故意少说了一句话，这只鹦鹉其实是一只聋子，当然听不到别人说的话。

017. 朝南的窗户

答案： 看似不可能的问题未必不可能。这个问题需要突破常规性的思维，跳出问题本身。这道问题的关键不在于如何建造房子，而是把房子建造在哪里。当你把这座房子建造在北极时，无论你把窗户设在哪面墙上，始终都是朝向南的。

☞ 018. 未知的挑战

答案：这是一个类似赌博的游戏，但是实际上却牵扯到一个数学概率。概率越大，胜算的几率也就越大。也许你会觉得战胜一条小剑龙的胜算是1/2，也就是一半，你会选择挑战小剑龙。但是，你别忘了你将会挑战三条小剑龙，那么这个概率就不再是1/2，而是发生了变化，重新计算后的概率是1/2×1/2×1/2=1/8。此时，还是选择大雷龙的胜算比较大些。

☞ 019. 奇怪的纸片

答案：老师前后两次给同学们看的是正、反两面。一面绘有6个正方形，一面绘有9个正方形。

☞ 020. 符号的含义

答案： ★=6，○=8，◆=12，△=10，?=32

☞ 021. 生死赌局

答案：虽然莫林、卡巴的命中率是100%，但是枪法命中率只有50%的菲利普却最有可能活下来。

这当然并不是什么运气的问题，而是可以用数学概率来计算出来的。如果莫林或卡巴首先开枪，那么两人必死一人是铁定的。所以，无论是莫林还是卡巴抽到比对方（排除菲利普）先一步的顺序，都会毫不犹豫地先击中对方，而不是命中率只有50%的菲利普。但是，如果菲利普首先开枪，他那50%的几率命中了其他两人中的一人，那么很不幸，他只有等死的份了。

所以，枪法差却恰恰成了菲利普不是他们首先射杀的对象，菲利普的活命概率为50%。

而莫林、卡巴的机会相同，如果自己不是先开枪，那么就是先被击中。所以，两人存活的概率为（0+50%）/2=25%。

022. 毕达哥拉斯的谜题

答案：第四架天平是平衡的。

假设○=A，△=B，◇=C，□=D，根据图中的情况可以得出以下条件：

公式1：$2A+3B=D$；

公式2：$C=4B+A$；

公式3：$D+A=3B+C$。

所以可以得出下面的公式4：

$2A+3B+C=D+4B+A$，即$A+C=B+D$

由公式3+公式4可以得到公式5：

$2A+C+D=4B+C+D$，即$A=2B$

公式4+公式5可以得到$2A+C=3B+D$

由此可以看出这个结论正好和第四架天平情况吻合，所以天平得以保持平衡。

023. 巧算时间

答案：让这2个沙漏同时开始计时，当3分钟的那个沙漏漏完沙子后，立即把它颠倒过来；4分钟的那个沙漏漏完后，再次把3分钟的那个沙漏颠倒过来。这时候3分钟沙漏里的沙子正好是剩余1分钟的沙子。等这个沙漏里的沙子漏完后，就是鸡蛋煮好的最佳时间——5分钟了。

024. 如何把物资运往前线

答案：在这些轮胎上分别编上8个号码，每过5000公里就换一次轮胎，这样所有的轮胎就可以使用4次。使用轮胎的顺序如下：

1-2-3，1-2-4，1-3-4，2-3-4，4-5-6，2-3-7，5-6-7，5-6-8，5-7-8，6-7-8。

如此，这辆军用三轮车就可以使用8个轮胎安全抵达了。

025. 窘境中的安全护理

答案：最安全的步骤如下：第一个医生戴上两双手套，上面套的第二双手套的外面接触到病人；第二个医生戴上刚才第一个医生套在外面的手套，这样仍是这双手套的外面接触到病人，而且他没有和第一个医生有接触，第三个医生把第一双手套翻过来戴在手上，他不会接触到第一个医生接触到的那一面。然后他再套上第二双手套，这样，接触到病人的仍是第二双手套的外面。这样，三个医生之间以及医生与病人之间都没有接触，所以是最安全的。

026. 到底赚了多少钱

答案：这个问题没有准确的答案，除非知道这个商人买这辆自行车时的价格。也就是说，不知道这辆自行车的确切价值时，是不能够得到准确的答案的。问题中这3个人的3种答案分别是按照自行车的原始价格为40元、50元、45元来计算的，所以才有不同的说法。

027. 深奥的一句话

答案："A声称B否认C说D是说谎了" = "A声称B认为C说D是说真话"，这个条件可以有如下的几种可能：

D真C真B真A真，概率1/81；

D真C假B假A真，概率4/81；

D真C假B真A假，概率4/81；

D真C真B假A假，概率4/81；

D假C假B真A真，概率4/81；

D假C真B假A真，概率4/81；

D假C真B真A假，概率4/81；

D假C假B假A假，概率16/81。

这样，D说真话的概率是：

（1+4+4+4）/（1+4+4+4+4+4+4+16）=13/41。

答案：

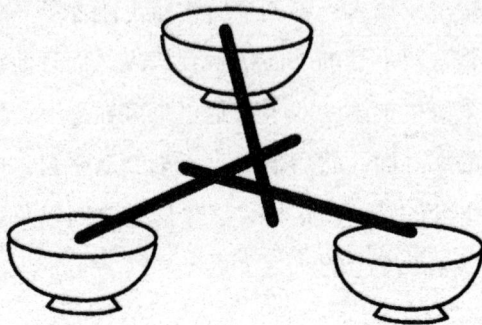

029. 爱打赌的夫妇

答案：假设明天下雨，智者损失100元给这个丈夫，却可以从他妻子那里得200元，最终得100元。

假设明天不下雨，智者从这个丈夫那里得200元，用去100元给妻子，最终还能得100元。

总是能得到100元，何乐而不为呢？

030. 如何看到对方

答案：其实根本不需要镜子，一个人脸朝向东，另一个人脸朝向西，两个人是面对面的，所以不需要。本题不要陷入自己的思维误区，认为两个人是背对着的。

031. 奇怪的遗嘱

答案：妻子——8头；长子——4头；次子——2头；小儿子——1头。农场主一共留下了15头奶牛。

032. 巧分硬币

答案：将这23枚硬币分成2堆，一堆10个，另一堆13个。然后将10

个的那一堆所有硬币都翻过来就可以了。

☞ 033. 箭靶上的数字

答案： 数字变化的规律为——外圈数字是中圈数字的2倍，中圈数字与内圈数字的差为25。所以根据这个变化规律就可以填出黑色方块中的数字了。

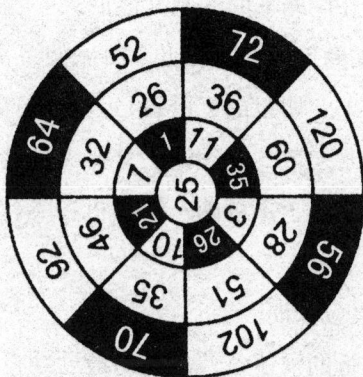

☞ 034. 财主的遗产

答案： 将第1个袋子放入1颗宝石，第2个袋子放入3颗宝石，第3个袋子放入5颗宝石，然后把这3个袋子全部放入第4个袋子中。如此每个袋子中都有单数颗宝石了。

☞ 035. 采胡萝卜的小兔子

答案： 25根。

小兔子先背50根胡萝卜到25米处，这时候，它吃掉了25根，还有25根。然后返回，背剩余的50根胡萝卜，同样到25米处时放下，还有25根。然后把这剩余的50根胡萝卜扎成一堆背起来继续走，还剩余25米，又吃掉25根，所以最后剩下25根。

☞ 036. 不能着陆的飞机

答案： 5架次。

一般的解法可以分为如下两个部分：

（1）直线飞行。

一架飞机载满油飞行距离为1，在没有迎头接应的情况下，存在极值（不要重复飞行，比如两架飞机同时给一架飞机加油且同时飞回来即可认为是重复）。最后肯定是只有一架飞机全程飞行，注意"全程"这两个字，也就是不要重复的极值条件。如果是两架飞机的话，肯定是一架给另一架加满油，并使剩下的油刚好能回去。也就是说第二架飞机带的油耗在3倍于从出发到加油的路程上，第三架飞机带的油耗在5倍于从出发到其加油的路程上，所以n架飞机最远能飞行的距离为1+1/3+…+1/（2n+1），这个级数是发散的，理论上只要飞机足够多就可以使一架飞机飞到无穷远，当然实际上不可能一架飞机在飞行1/（2n+1）时间内同时给n架飞机加油。

（2）可以迎头接应加油。

根据不要重复飞行的极值条件，得出最远处肯定是只有一架飞机飞行，这样得出最远处对称两边1/4的位置有一架飞机飞行，用上面的公式即可知道一边至少需要两架飞机支持，（1/3+1/5）/2>1/4左边除以2是一架飞机飞行距离为1/2），但是有一点点剩余，所以加油地点可以在一定距离内变动（很容易算出来每架飞机的加油地点和加油数量）。

⇨037. 数字游戏

答案：数字7。

⇨038. "我是大侦探"

答案：这4张图所代表的是钟表的2个指针所指向的位置。根据题目中的提示可以知道，这些指针所指向的都是整点。所以，第一个是12点，第二个是9点，第三个是6点，第四个则是3点。

⇨039. 智慧之石

答案：最后问号所代表的数字是5。根据这些数字可以看出如下的规律：第一列数字去掉最大数和最小数，然后反向排列可以得到第二列的一组数字；如此重复到第五列就只有数字5了。所以，探险家们应该打开5号大门。

⇨ 040. 宝石大盗

答案：所有的海盗都乐于看到他们的一位同伙被扔进海里，不过，如果让他们选择的话，他们还是宁可得一部分宝石。他们当然也不愿意自己被扔到海里。所有的海盗都是有理性的，而且知道其他的海盗也是有理性的．此外，没有两名海盗是同等厉害的——这些海盗完全按照由上到下的等级排好了座次，并且每个人都清楚自己和其他所有人的等级。这些宝石不能再分，也不允许几名海盗共有宝石，因为任何一名海盗都不相信他的同伙会遵守关于共享宝石的安排。这是一伙每人都只为自己打算的海盗。

最凶的一名海盗应当提出什么样的分配方案才能使他获得最多的宝石呢？

为方便起见，我们按照这些海盗的怯懦程度来给他们编号。最怯懦的海盗为1号海盗，次怯懦的海盗为2号海盗，依此类推，这样最厉害的海盗就应当得到最大的编号，而方案的提出就将倒过来从上至下地进行。

分析所有这类策略游戏的奥妙就在于应当从结尾出发倒推回去。游戏结束时，你容易知道何种决策有利而何种决策不利。确定了这一点后，你就可以把它用到倒数第2次决策上，如此类推。如果从游戏的开头出发进行分析，那是走不了多远的，其原因在于，所有的战略决策都是要确定："如果我这样做，那么下一个人会怎样做？"

因此在你以下的海盗所做的决定对你来说是重要的，而在你之前的海盗所做的决定并不重要，因为你已对这些决定无能为力了。

记住了这一点，就可以知道我们的出发点应当是游戏进行到只剩两名海盗——1号和2号的时候。这时最厉害的海盗是2号，而他的最佳分配方案是一目了然的：100块宝石全归他一人所有，1号海盗什么也得不到。由于他自己肯定为这个方案投赞成票，这样就占了总数的50%，因此方案获得通过。现在加上3号海盗，1号海盗知道，如果3号的方案被否决，那么最后将只剩2个海盗，而1号将肯定一无所获——此外，3号也明白1号了解这一形势。因此，只要3号的分配方案给1号一点甜头使他不至于空手而归，那么不论3号提出什么样的分配方案，1号都将投赞成票。因此3号需要分出尽可能少的一点宝石来拉拢1号海盗，这样就有了下面的分配方案：3号海盗分得99块宝石，2号海盗一无所获，1号海盗得1块宝石。

4号海盗的策略也差不多。他需要有50%的支持票，因此同3号一样也需再找一人做同党。他可以给同党的最低甜头是1块宝石，而他可以用这块宝石来收买2号海盗。因为如果4号被否决而3号得以通过，则2号将一无所获。因此，4号的分配方案应是：99块金于归自己，3号一块也得不到，2号得1块宝石，1号也是一块也得不到。

5号海盗的策略稍有不同．他需要收买另两名海盗，因此至少得用2块宝石来拉拢，才能使自己的方案得到通过。他的分配方案应该是：98块宝石归自己，1块宝石给3号，1块宝石给1号。

这一分析过程可以照着上述思路继续进行下去。每个分配方案都是唯一确定的，它可以使提出该方案的海盗获得尽可能多的宝石，同时又保证该方案肯定能通过。

➪ 041. 变通的智慧

答案：找一个长、宽、高都是1米的大箱子。把建材管斜斜地放进去。因为1米见方的箱子的对角线正好超过了170厘米，所以这样就符合铁路系统的规定了。

➪ 042. 不可能的对折

答案：无论纸张的厚薄，要对折8~9次已经接近极限了。每对折一次，一叠中的张数就会翻一倍。也就是说，1张变成2张，2张变成4张，4张变成8张……以此类推，折到第9次时已经512张了，如此厚的张数比普通的书本还要厚。所以对折10次已经不可能了。

043. 动动脑筋切馅饼

答案： 这个馅饼最多可以切割成11个大小不同的块，刀法见下图：

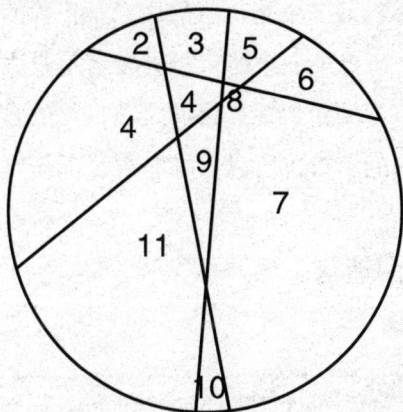

044. 皮皮一家总动员

答案： 第一次——弟弟和皮皮先过桥，皮皮回，用时4秒；第二次——皮皮和爸爸过，弟弟回，用时9秒；第三次——爷爷和妈妈过，皮皮回，用时13秒；第四次——皮皮和弟弟过，用时3秒。总用时：4+9+13+3=29秒。

045. 牙签热带鱼

答案： 只要将A图中虚线位置的3根牙签放到B图虚线的位置上，然后移动下纽扣眼睛的位置就可以了。

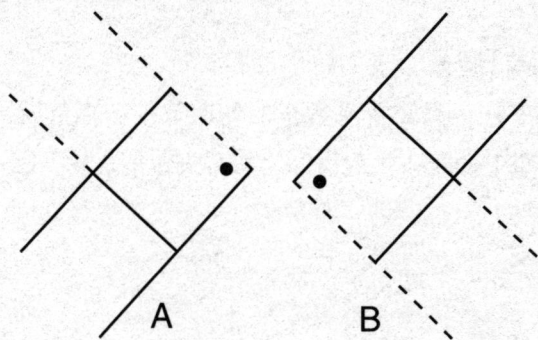

☞ 046. **绝境逢生**

答案： 走第三条路。

根据第三个牌子的启示可以知道，如果第一个路口写的是真话，那么它就是出口，这样，第二个路口写的话也是正确的，这样就和第三个牌子的话相矛盾了。所以第一个路口写的肯定是假话。

既然第一个路口写的是假话，第二个路口写的肯定就是真话，这样两个路口都不是正确的出口，所以，唯有第三个路口才是正确的道路。

☞ 047. **小老鼠闯迷宫**

答案：

☞ 048. **只差1厘米**

答案： 第一次，只需要将货车的轮胎放掉一点气就可以了。第二次，只需要在船上多放一些重物，比如石头，使货轮下沉一些，就可以安全通过了。

049. 食品店老板的奖赏

答案： 每一条线所连接起来的3个苹果（圆圈），代表一种组合。

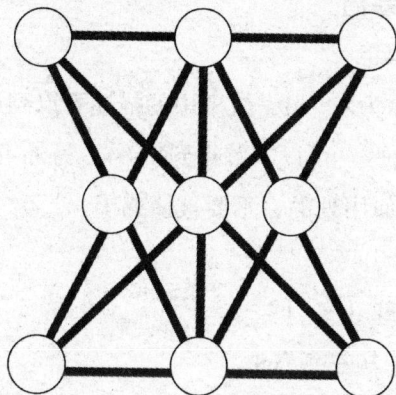

050. 间谍行动

答案： SD间谍在6号房间（线索2），从线索5中可以知道，OSS间谍一定在5号房间，而SDECE间谍在3号房间，鲁宾在1号房间。2号房间的间谍不可能来自阿布威（线索3），也不来自M16；间谍加西亚不在1号房间（线索1），那么他肯定是GRU的间谍。

从线索4中可以知道，毛罗斯的房间是4号，罗布斯不可能在3号（线索1），也不可能在2号房间，因为加西亚不在4号房间，所以罗布斯也不可能在6号房间。因此，罗布斯只能在5号房间，而加西亚则在3号房间，M16的间谍在4号房间（线索1）。

6号房间的SD间谍不是罗布斯（线索2），则肯定是戴兹，剩下的罗布斯，他一定是2号房间的GRU间谍。最后，通过排除法可以知道，1号房间的鲁宾是阿布威的间谍。

他们的对应关系为：

1号房间，鲁宾，阿布威；

2号房间，罗佩兹，GRU；

3号房间，加西亚，SDECE；

4号房间，毛罗斯，M16；

5号房间，罗布斯，OSS；

6号房间，戴兹，SD。

☞ 051. 魔鬼的寿命

答案：他在世84年。

假设魔鬼的寿命为X，根据故事中的描述可以列出下面的方程式：

X=X/7+X/4+X/2+9，可以求解得到X=84。另外可以知道，故事中的数字"5"是没有任何用处的，不要被迷惑了。

☞ 052. 对号入座（一）

答案：（图片中从左到右）

（1）罗宾，她是詹姆士的女儿；

（2）吉米，她是戈登的女儿；

（3）阿什利，他是马克的儿子；

（4）布莱尔，他是史蒂夫的儿子。

☞ 053. 蜗牛比赛

答案：不会。还是甲蜗牛先抵达终点。

这个问题的关键不在于距离上，而在于两只蜗牛的速度上。因为甲、乙蜗牛的速度之比为10：9，当甲跑110米，乙跑100米的时候，两只蜗牛所用的时间之比为：（11/10）：（10/9）=99：100。所以，还是甲蜗牛所用的时间少一些。

☞ 054. 对号入座（二）

答案：（图片中小偷从左到右分别是）

（1）小偷安吉洛，被鲍勃抓住了；

（2）小偷米克，被特德抓住了；

（3）小偷托尼，被安迪抓住的；

（4）小偷巴蒂，被大卫抓住。

055. "抢30"

答案：花花取胜的秘诀其实很简单，她总是报到3的倍数为止。如果春春先报，根据游戏规则，她会报1，那么花花则报2、3；如果她报1、2，那么花花则报3。接下来的第二轮，花花只要报到数字6就可以了。依此类推，每次只要报到3的倍数即可。

原因在于，30是3的倍数，所以花花总是能够报到数字"30"。

056. 数苹果

答案：不管如何数，都缺少一个苹果。所以，只要加上一个苹果的话，就应该可以整除了。也就是说，加一个苹果，这个数就是2、3、4、5、6、7、8、9、10的最小公倍数，也就是2520，所以这堆苹果至少有2519个。

057. 推算年龄

答案：王先生是1973年出生的。

首先假设王先生是19AB年出生的。那么根据题目的提示可以得出，$93-(10 \times A+B)=1+9+A+B$。最后得到$11A+2B=83$。

A可以是0~9任意一个数，B也是0~9任意一个数，把A可能的数字代入公式计算，最后可以到A=7，B=3时公式成立。

058. 三个孩子

答案：

第一个孩子家中共有3个孩子——姐姐、自己（女）、弟弟；

第二个孩子家中有2个男孩，2个女孩——2个姐姐，自己（男），弟弟；

第三个孩子家中有2个男孩，1个女孩——哥哥、自己（女）、弟弟。

059. 神秘的推算法

答案：把除以3得到的余数乘上70，把除以5得到的余数乘上21，把除以7得到的余数乘上15。然后，把得到的3个结果相加，再除以105，这时得到的余数就是所要的年龄。

也就是说，如果a、b、c分别是一个人的年龄除以3、5、7得到的余数，那么计算这个人年龄的公式就是：（70a+21b+15c）÷105，余数即是年龄。

民间有相关歌谣："三人同行七十稀，五树梅花廿一枝，七子团圆正半月，余百零五便得知。"

060. 倒霉的店主

答案：不对。实际上，这个杂货店店主只赔了85元钱。

一开始店主用100元假钞换了隔壁老板的100元真钞，后来又用真钞换回那100元假钞，所以两人是两不相欠。但是对于顾客来说，等于他白给了顾客75元钱，又白给他实际价值10元的货物，总共85元钱。而不应该按照货物的标价来计算。

061. 不可行的对照法

答案：兰兰的新手表比挂钟慢3分钟，而不是标准的3分钟；但是挂钟比标准时间快3分钟，是标准的3分钟。所以，前后两个"3分钟"是不一样的概念。兰兰所犯的错误是混淆了概念，一个是标准时间，一个是不标准时间。因此，兰兰的推断是错误的。

062. 动物运动会

答案：这是一个集合问题。

40+31-46=25，有25种动物参加了2组全部的比赛；40-25=15，有15种动物只参加了A组的比赛；31-25=6，有6种动物只参加了B组的比赛。

☞ 063. 食堂老板的玩笑

答案：因为这8位同学按照食堂老板所说的进行排列，需要40320天，也就是100多年才能恢复原有的排列，这当然是不可能的一件事情。

计算方法为：8位同学每天交换一次位置，第一位同学有8种坐法，第二位同学有7种坐法，第三位同学有6种坐法，第四位同学有5种坐法……第八位同学只有1种坐法。所以他们的排列总数为 $8×7×6×5×4×3×2×1=40320$。

☞ 064. 大侦探的考验

答案：方法一，假设人速为x，车速为y，每2辆车的车距为s。由此可以得到下面方程式：

每2分钟迎面一辆车，则 $s=（x+y）·2$（人车共走完s）。此公式可以变化为：$y/s+x/s=0.5$；

每8分钟后面一辆车，则 $s=（y-x）·8$（速度之差）。此公式可以变化为：$y/s-x/s=0.125$；

两式相加，$2·y/s=0.5+0.125=0.625$，因此可以得到 $s/y=3.2$（距离/路程=时间）。

所以每3.2分钟发一趟车。

方法二，如果掌握了调和平均数的概念，这道题就变得简单了。也就是求2和8的调和平均数。

$2/（1/2+1/8）=3.2$

☞ 065. 小小侦探家

答案：假设蜡烛点燃的时间是x小时，粗蜡烛每小时减少1/5，细蜡烛每小时减少1/4，根据题意可以得出如下方程式：$4·（1-x/4）=1-x/5$，最后可以得到 $x=15/4$。所以豆豆家昨天停电的时间为3小时45分钟。

☞066. 老财主分地

答案：

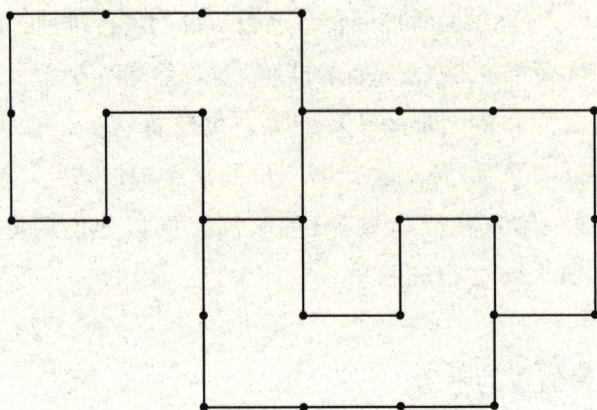

☞067. 伟伟考试记

答案：至少有62人及格。

此题可以运用倒推法计算，要知道至少多少人及格，只要计算出至少多少人不及格即可。

第一题做错：20人；第二题做错：28人；第三题做错：16人；第四题做错：12人；第五题做错：44人。

因为第四题做错而不及格的人最多12人（人数最少），要不及格至少还要做错另外两道题。另外两道题做错的人数可能为：

（1）先取错的最多的第五题，44－12=32，还最多（第一题做错20人，第二题做错28人，第三题做错16人）。

（2）余下的一道题，做错的12人在1、2、3题目中选，要均匀，第二题做错选8人次（第一题做错20人，第二题做错28人，第三题做错16人），剩下4人，选2人为做错第一题，选2人为做错第二题，结果剩下：第一题做错18人，第二题做错18人，第三题做错16人，第五题做错38人。

同上方法：因第三题做错而不及格最多16人（人数最少），先取错的最多的第五题，剩余32－16=16，再取第一题做错8人（剩余10人），第二题做错8人（剩余10人）。结果剩下：第一题做错10人，第二题做错10人，第五题做错16人。

同上方法：因为第一题做错而不及格最多10人（人数最少），先取错的最多第五题剩余16-10=6人，再取第二题做错10人，结果剩下：第五题做错6人，所以最后最多不及格人数为12+16+10=38人。即，及格人数至少为100-38=62人。

⇨ 068. 抓不住的"飞毛腿"

答案：若是"飞毛腿"将船划向黑猫警长所在岸的对称方向，那么它要行进的距离为R，警长要行进的距离为3.14R，因为"飞毛腿"划船的速度是警长奔跑速度的1/4，所以它在划到岸边之前警长就能赶到，这种方法行不通。

正确的方法是，"飞毛腿"把船划到略小于1/4的圆半径的地方，比如说0.24R，然后以湖的中心为圆心，作顺时针划行。在这种情况下，"飞毛腿"的角速度大于在岸上的警长能达到的最大角速度。这样划下去，它就可以在某一个时刻，处于离警长最远的地方，也就是和警长在一条直径上，并且在圆心的两边。然后"飞毛腿"把船向岸边划，这时，它离岸边的距离为0.76R，而警长要跑的距离为3.14R。由于4·0.76R<3.14R，所以"飞毛腿"可以在警长赶到之前上岸，并用最快的速度逃脱。

⇨ 069. 古希腊的符号

答案：

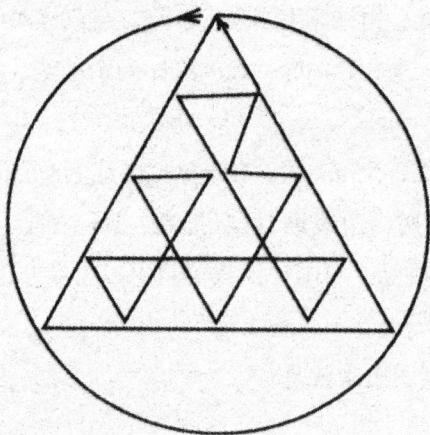

⇨ **070. 千里寻一**

答案： 最少10个人就足够了。

把10个死囚编成1~10，10个号码。再把1000瓶酒用二进制编号分别编上序号，0000000000，0000000001，……1111111111，一共有1024种组法。每种组法对应一瓶红酒（足够1000瓶红酒）。酒的编号中第几位出现1，就把这瓶酒给第几个人。当1000瓶红酒都让死囚检测完毕后，最后观察死了哪几个编号的囚犯，就知道哪瓶酒有毒了。

⇨ **071. 爱因斯坦的谜题**

答案： 首先为5个房间编号为1、2、3、4、5。

房子颜色：红、黄、绿，白、蓝——Color（下面简写为"C"）；

屋主国籍：英国、瑞典、丹麦、挪威、德国——Nationality（下面简写为"N"）；

饮料：茶、咖啡、牛奶、啤酒、开水——Drink（下面简写为"D"）；

烟：PM、DH、BM、PR、BL——Tobacco（下面简写为"T"）；

宠物：狗、鸟、马、猫、鱼——Pet（下面简写为"P"）。

根据题目中提供的15条线索分别进行推断：

由线索9知道，N1（1号房间主人的国籍）=挪威；由线索14知道，C2（2号房间的颜色）=蓝；由线索4推断，如果C3=绿，C4=白，那么线索8和线索5则相互矛盾，所以C4=绿，C5=白，剩余的红、黄两色只能为C1，C3。

由线索1推断，C3=红，N3=英国，C1=黄；由线索8可以推断D3（3号房间主人的饮料）=牛奶；由线索5可以推断，D4=咖啡；由线索7可以推断，T1（1号房间的香烟）=DH；由线索11可以推断，P2（2号房间的宠物）=马。

那么用图表直观地表示出来就是：

房间1	房间2	房间3	房间4	房间5
挪威	?	英国	?	?
黄	蓝	红	绿	白
?	?	牛奶	咖啡	?
DH	?	?	?	?
?	马	?	?	?

由线索12可以推断，啤酒只能是D2或D5，BM只能为T2或T5，所以D1=开水；

由线索3可以推断，茶只能为D2或D5，丹麦只能为N2或N5；

由线索15可以推断，T2=BL，可以推断出T5=BM；

所以可以继续推断出，D5=啤酒，D2=茶，并推断出N2=丹麦。

由线索13可以推断，N4=德国，T4=PR，所以N5=瑞典，T3=PM；

由线索2可以推断，P5=狗；由线索6可以推断，P3=鸟；由线索10可以推断，P1=猫。

最终可以得到下面的表格：

房间1	房间2	房间3	房间4	房间5
挪威	丹麦	英国	德国	瑞典
黄	蓝	红	绿	白
开水	茶	牛奶	咖啡	啤酒
DH	BL	PM	PR	BM
猫	马	鸟	?	狗

所以，只剩下不知道德国人养的是什么，养鱼的肯定是德国人了。

↪072. 麦蒂的敞篷车

答案：可以用假设法来推断。

如果是黑色的话，那么三句话都是正确的，所以新车肯定不是黑色；如果是银色的，那么甲和乙的说法是正确的，丙说的是错误的，符合麦蒂的回答；如果是红色的，那么三个人都是错误的，也不是麦蒂新车的颜色。因此，麦蒂的新车颜色是银色的。

☞073. 嫌疑犯的回答

答案：无论如何，结果只有一个，那就是丙会回答："甲在说谎。"

若甲是诚实的，也就是说甲的回答是正确的，如此，乙也就是诚实的。而乙回答警方的话则推断出丙在说谎，所以说谎话的丙肯定会说："甲在说谎话。"

若甲是说谎的，那么乙也在说谎，如此，乙所说的话可以推断出丙是诚实的。那么诚实的丙应该回答："甲在说谎。"

所以，丙的回答只有一个。

☞074. 小狗卡卡

答案：小狗卡卡先从第8扇门进去，这样就可以依次吃完房间里所有的骨头且不重复。

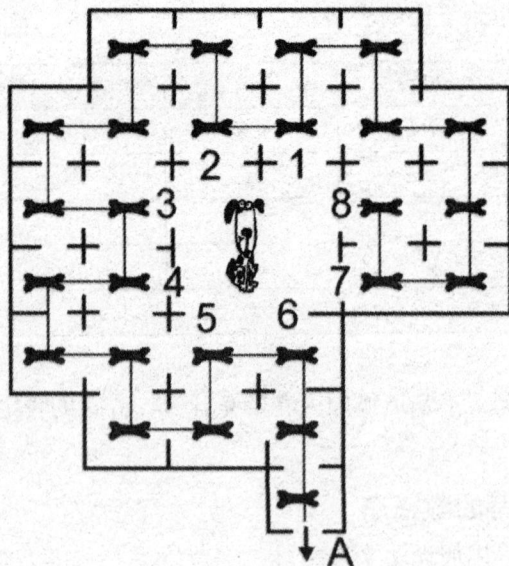

☞075. 救命药片

答案：把混杂到一起的药片全部捣碎，均匀搅拌，然后平均分成

10等份。

076. 棋盘上的棋子

答案：

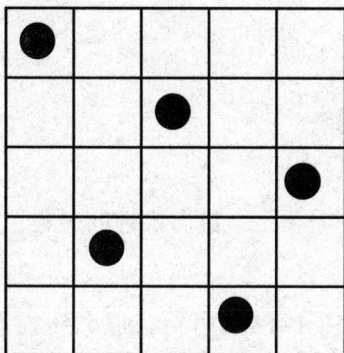

077. 说谎的部落

答案： 假设这两个人分别为A、B，分为以下四种情况讨论。

（1）A、B说的都是真话。A、B在同一天说真话只能在星期日，但是星期日B成立，A不成立，所以这种情况不可能。

（2）A、B说的都是谎话。但是在一周内A、B不可能同一天说谎话。所以这种情况不可能。

（3）A说的是真话，B说的是谎话。A在每周二、四、六、日说真话，B在每周二、四、六说谎话。A只有在周日说真话时，前天（周五）才是他说谎话的日子，但是这天B应该说真话。所以这种情况不可能。

（4）A说的是谎话，B说的是真话。A在每周一、三、五说谎话，B在每周一、三、五、日说真话。在周三、五、日都不符合，因为在周三时B在说真话，而周二的前天（周一）在说真话，但是B对外地人用真话说自己周一说谎话，相互矛盾。同理，周五也矛盾。所以只有周一符合。周一时，B用真话对外地人说自己前天（周六）说谎话，周六时B的确说的谎话。A用谎话对外地人说自己前天（周六）说谎话，其实周六时A在说真话，这时正是A在用谎话骗外地人说自己前天说谎话。

综上所述，这一天只能是周一。

⇨078. 接水的时间

答案：仍旧是30分钟，因为雨水的大小没有变化，而且水桶口的面积也没有变化，接到的雨水量就不会发生变化，因此接满一桶水所用的时间是不会变化的。

⇨079. 村中的病狗

答案：村中共有3只病狗。

对于这道题的解答需要一个逆向推理的过程，从而可以得到我们想要的答案。

第一步，假设村中只有1只病狗，那么病狗的主人会看到其他49只狗都没有病，他很快就得出推论：自己的狗有病。所以，第一天晚上肯定就会亮起红灯，传来警报。当然，这个推理过程别人也一定知道，也就是"你知道我知道"。但是第一天并没有人亮起红灯，也就是说"病狗的数目是大于1的"。当然，这个推论大家都能推测得知，是共知的。

第二步，假设村中有2只病狗，病狗的主人只会看到1只病狗和48只好狗，但是在第二天的时候他仍旧看到1只病狗和48只好狗。那么，病狗的主人就应当知晓自己的狗是病狗，也就应当亮起红灯。因为，在第一步的推理不成立的基础上得知"病狗的数目是2"，但是，第二天并没有人亮红灯。所以，我们可以推断，病狗的数目是大于2的，其中一个病狗的主人看到的肯定不止1只病狗。因此，他也无法判断出自己的狗是不是病狗。同样，对于别人而言，他的这种推论大家都能推测得到："我知道你知道我知道"。

第三步，假设村中有3只病狗，那么其中一只病狗的主人在第一天就应当看到2只病狗和47只好狗，第二天同样如此。因为他也每天根据自己看到的病狗数目，推测村中病狗的数目。所以在第二步不成立的基础上，病狗主人应当推测"病狗的数目是3"。所以在第三天的时候，病狗的主人仍旧看到2只病狗和47只好狗的时候就应当形成一种共识：

自己的狗是病狗。所以在第三天的时候红灯亮了。此时，这种推论成为所有人的共同认识。

这种推论是放在病狗的主人的角度上进行的推理，病狗的主人和好狗的主人在看到病狗的数目上是有区别的。因此，当第三天红灯亮起时，这种推论就成为一种共同认识，否则推理仍将继续。

▷080. 难念的行号

答案： 行xíng行xíng行háng。因为这是一家商行，首先可以确定第三个字的读音为háng。接着，我们来思考一下，做生意是一种商业行为，需要良好的商业品德，需要品质高尚，这也是对商家的一种规范和要求，行主以此来要求自己并作为自己经营商行的准则。所以可以判断第一个行有"实行"之义的xíng；而第二个则是表示"足以表示品质的举止行动"的xíng。

▷081. 最省时的巡检路线

答案：

▷082. 两人的赌局

答案： A所描述的情况出现的概率为：$4 \times 1/6 \times 5/6 \times 5/6 \times 5/6 = 500/1296$；

B所描述的情况出现的概率为：1-500/1296=796/1296。所以，B获胜的可能性更大一些。

⇨ **083. 重剪地毯**

答案：因为只有等腰三角形翻转后的形状才和原来一样，所以，裁剪的方法就需要裁剪出等腰三角形。具体操作为：先在地毯中间画出一条垂线，然后垂足分别连接两腰的中点，这样就分成了四份，成为四个等腰三角形；然后翻转过来，放在房间对应的四个位置上，拼合起来。如图所示：

房间形状

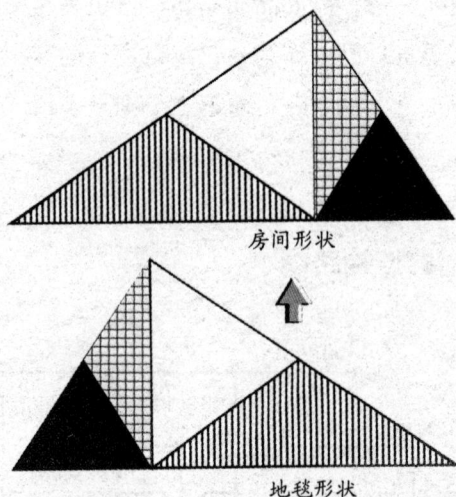

地毯形状

⇨ **084. 一点生辉**

答案：

（1）

方案一："是'不是'？"

"不，是'是'。"

"不是'不是'，是不是？"

"是。"

方案二："是不是？"

"不是！"

"是不是？"

"不……是……"

"是不是？"

"是……"

（2）

"是‘是’，不是‘不是’。"

"不是‘是’，是‘不是’。"

"不，是‘是’！"

（3）

"不是‘是’。"

"不，是‘是’。"

"不是‘是’，是‘不是’。是不是？"

"不，是‘是’。"

☞085. 重返人间

答案： 随便指向一条道路，询问其中一位天使："你认为另外一位天使会说这是通往人间的道路吗？"由于他们的回答不仅仅必须糅合自己的观点，还必须加上另外一个人的观点，所以，他们的答案是一样的。

如，如果凡赛尔指的路正好是通往人间的，那么仁义天使因为知道堕落天使的回答，所以会回答"不"，而堕落天使因为只说谎言，会说出错误的答案"不"。如果凡赛尔指的道路正好是去冥界的，那么仁义天使会回答"是"，而堕落天使也同样回答"是"。所以，只要选择与他们回答相反的道路，就一定能回到人间。

☞086. 获奖金额

答案： 23万美元（每一等级约为1.5万美元）。

☞087. 骑士骑马图

答案： 这个问题源于山姆·罗伊德的经典问题——捉弄人的毛驴

（trick donkeys），看似简单得出奇的问题，实际上并没有想象中得那么简单。你很快会发现你的想法显然是错误的。如果你的想象力不足，就不足以解决这个问题。放置方法如下：

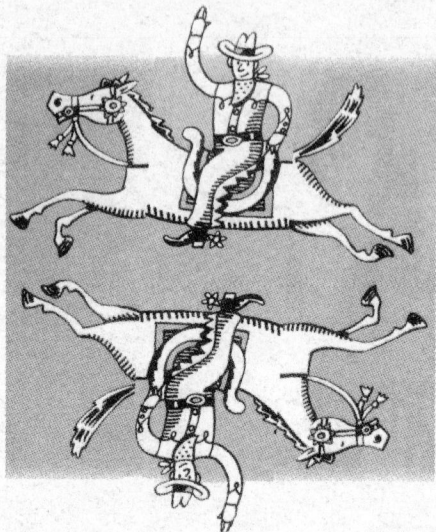

➪088. 最难的十道题

答案： 如果你认为答案已经在题目中交代出来了，那么你百分百是错误的。这些题目可没有看起来那么简单，甚至可以说很容易麻痹别人，让别人出错。

英法"百年战争"打了多久？116年。

巴拿马帽（Panamahat）是哪个国家制造的？厄瓜多尔（Ecuador）。

猫肠（Catguts）是用哪种动物制作的？羊和马。

俄国人在哪一个月庆祝十月革命的？11月。

骆驼毛刷（Camel's hair brush）是用什么毛制作的？松鼠毛。

太平洋的金丝雀群岛（Canary Islands）是以什么动物命名的？狗。

英皇乔治五世（King George Ⅵ）的名字是什么？Albert。

紫织布鸟（Purplefinch）是什么颜色的？深红色。

中国醋栗（Chinese gooseberry）是哪国出产的？新西兰（New Zealand）。

客机上的黑匣子（Black box）是什么颜色的？橙色。

☞089. 多米诺骨牌桥

答案：关键在于一开始多放两块作桥墩，如下图所示。当搭了足够多的骨牌后，桥的构架也就完全稳定了，这时可以把多余的桥墩取走。

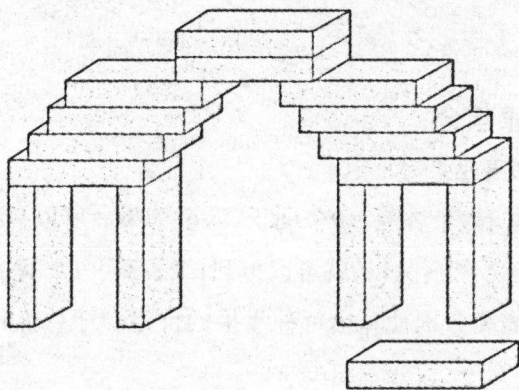

☞090. 瓢虫先生和瓢虫小姐

答案：它们的回答有4种可能的真假组合：

真-真；真-假；假-真；假-假。

第一种论断不可能成立，因为题目中说至少有一个在说谎。第二种论断和第三种论断也不可能成立，因为如果有一个论断是假的，那么另外一个也不可能是真的。符合逻辑的就只有第四种论断：假.假。两只瓢虫都在说谎，因此七星瓢虫是女孩，九星瓢虫是男孩。

☞091. 楼房和天空

答案：1-8；2-7；3-10；4-12；5-9；6-11。

☞092. 忘记的电话号码

答案：7个数字所有可能的组合排列共有7的阶乘种（即7×6×5×4×3×2×1），等于5040。所以从中取出任意一组数字排列的概率为1/5040，大约为0.02%左右。

☞ **093. 放混的帽子**

答案：1/6。

3个人随机抽取自己的帽子，共有6种可能的抽取结果：ABC、ACB、BAC、BCA、CAB、CBA。所以，正确的抽取结果占这6种结果的1/6。

☞ **094. 水果组合**

答案：0.45美元。

三幅图中共有9个香蕉、9个橘子、9个苹果。所以只要把它们总共的价格加在一起，然后除以9就可以得到1个香蕉、1个橘子、1个苹果的总价格，而不需要分别计算出每种水果的价格。即总价4.05美元除以9等于0.45美元。

☞ **095. 一笔成画**

答案：方法如下

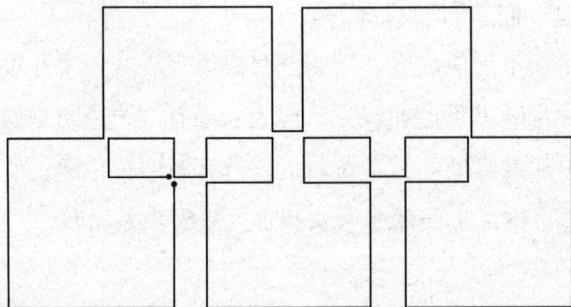

☞ **096. 数字组合**

答案：可以列出4个数字组合：

a. $2^{2^2}=2^4=16$。是其中最小的一个数字。

b. 222

c. $22^2=484$

d. $2^{22}=4194304$。无疑是4种组合中最大的一个数字。

☞097. 墙体改造

答案：可以把12面墙排列成如下样子，这样每面墙都有部分影子可以利用。

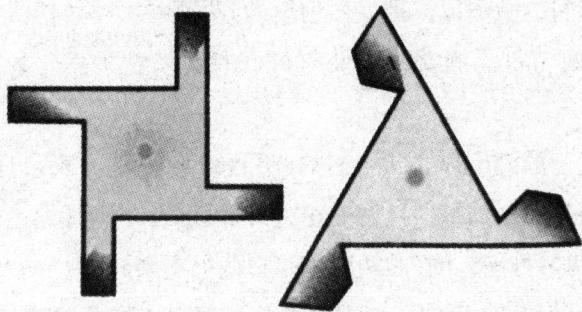

☞098. 猜猜它是啥

答案：应该是骆驼。在5×4的格子里，六种动物排成一列，不断重复。每次都把次列的第一个动物去掉，排列顺序就是：123456，23456，3456，456，56。

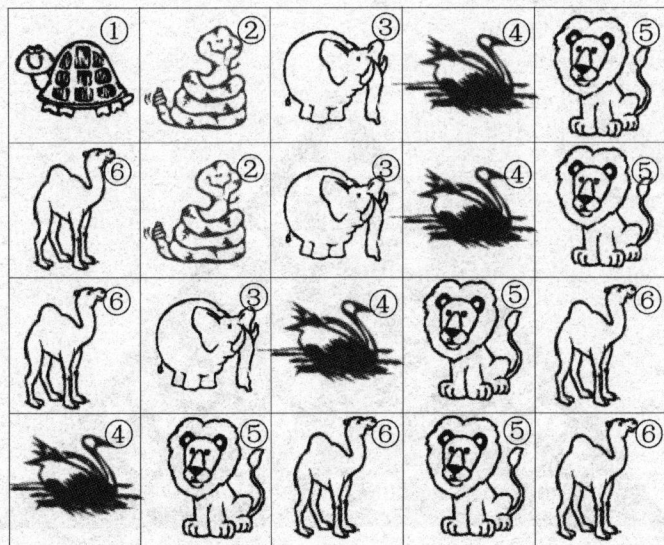

☞ 099. 只要2两酒

答案：

A. 11两勺子打满倒进7两勺子，剩下4两酒；

B. 7两勺的酒倒掉，把11两勺里的4两酒倒入7两勺里；

C. 11两勺打满酒倒入（装有4两酒的）7两勺里，11两勺里剩余8两酒；

D. 7两勺的酒倒掉，11两勺的8两酒倒入7两勺，剩余1两酒；

E. 7两勺的酒倒掉，11两勺里的1两酒倒入7两勺；

F. 11两勺打满，倒入7两勺里，11两勺剩余5两酒；

G. 5两酒倒入7两勺，打满11两勺，倒入（装有5两酒的）7两勺，剩余9两酒；

H. 7两勺倒空，11两勺的9两酒倒满7两勺，剩余2两酒。

☞ 100. 帕斯卡三角形

答案：每个数字都是它正上方两个数字之和，这样的数学树就是"帕斯卡三角形"。

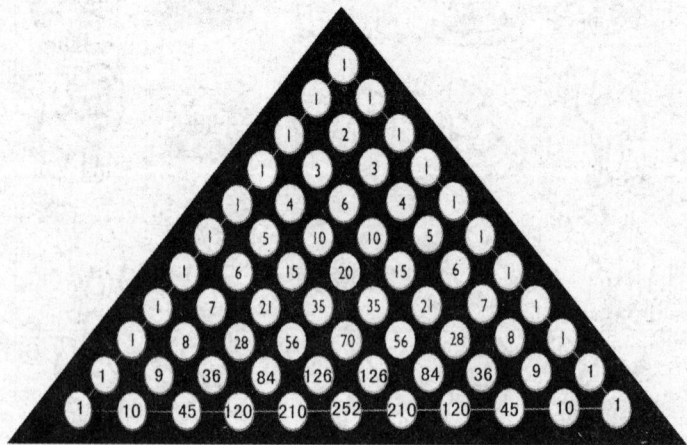

➯ 101. 木工的酬劳

答案：把金条分成1:2:4的三段。

第一天：1段给木工师傅；

第二天：2段给木工师傅，取回1段；

第三天：1段给木工师傅；

第四天：4段给木工师傅，取回1段、2段；

第五天：1段给木工师傅；

第六天：2段给木工师傅，取回1段；

第七日：1段给木工师傅。

➯ 102. 字母间的联系

答案：空心字母是那些左右对称的字母，而实心字母则是上下对称的字母。

➯ 103. 多少瓶汽水

答案：40瓶。

➯ 104. 消失的1元钱

答案：他们付出的30元钱包括27元（25元给老板+服务员贪污的2元）和服务员退还给每人的1元钱（总共3元）。用27元钱和2元相加是混淆视听的干扰因素。

➯ 105. 坏掉的8号电话亭

答案：根据心理学，这名主管肯定知道第8个电话亭是坏的，才会以此为起点来说。否则，他会说其他他所肯定的数字。如，前7个电话亭、前6个电话亭……

▷ 106. 看图"识"字

答案： 这个图形包含了2个单词：Figure（图像；外形）；Ground（地面；土壤）。你发现了吗？

▷ 107. 邻居的谈话

答案： 他们养了600只小鸡，鸡饲料还能够维持这群小鸡17.5天。

假设他们养了x只小鸡，还有y饲料。根据题意可以得出下列方程式：

$$y=（x-75）\cdot 20$$

$$y=（x+100）\cdot 15$$

最终可以得出x=600只，y=10500。y/x=这批饲料可以维持600只鸡的时间=17.5天

所以，村长的邻居养了600只小鸡，他们的饲料能够维持这群鸡17.5天。

▷ 108. 掷币中的数学规律

答案： 虽然表面看来，每次硬币落下后正面或反面朝上的概率是相等的，但是先投掷的人肯定具有一定的优势。因为无论最后要投掷多少次，每轮先投掷者获胜的概率为：1/2+（1/2）3+（1/2）5+（1/2）7+……这是一个无穷数，其和为2/3。因此，先投掷者获胜的概率几乎是后投掷者的两倍。如果你对此表示怀疑的话，不妨进行一番试验，看看这个神奇的结果吧。

▷ 109. 抓果冻

答案： 4个。

▷ 110. 四个女巫

答案： 颇里安娜的主人已经86岁，并且不住在4号别墅（线索1），

又知道3号别墅的主人75岁（线索4），凯特的主人住在2号别墅（线索3），那么颇里安娜一定是1号别墅主人的猫。住在1号别墅的不是马乔里（线索1），也不是80岁的罗赞娜（线索2）和拥有尼克的塔比瑟（线索5），那么一定是格丽泽尔达。这样可以知道2号别墅的主人71岁（线索6），她的猫是凯特，剩下罗赞娜是80岁，并住在4号别墅里。3号别墅的猫不是托比（线索4），那么一定是尼克，并且75岁的塔比瑟住在3号别墅。

通过排除法，凯特的主人是71岁的马乔里，而罗赞娜的猫是托比。

最终她们的对应关系为：

1号别墅，格丽泽尔达，86岁，颇里安娜；

2号别墅，马乔里，71岁，凯特；

3号别墅，塔比瑟，75岁，尼克；

4号别墅，罗赞娜，80岁，托比。

☞111. 烧香看时间

答案：把这两根香同时点燃，再把第一根香的另一头点燃，在第一根香烧完的同时（用时30分钟），再把第二根香的另一头点燃，这时候燃烧完第二根香的时间正好就是15分钟。

这道题所说的材料分布不均匀并不影响香燃烧时间的计算，这个附加条件也成为影响思考的一个障碍因素。

☞112. 一场演出的座次

答案：

A排：10-罗伯特；11-安吉拉；12-玛克辛；13-托尼。

B排：10-查尔斯；11-皮特；12-妮娜；13-珍妮特。

C排：10-朱蒂；11-文森特；12-亨利；13-莉迪亚。

☞113. 绳结魔术

答案：没有事先打好结的绳子，无论你如何缠绕都是无法实现单线打结的。那么魔术师们是如何做到的呢？这个魔术的关键在于"转移绳结"。在双手分别握住绳子之前已经做好了一个"身体绳结"，也就是双臂交叉（抱胸动作），然后再握住绳子的两端，如此"身体绳结"就在展开双臂的同时转移到了绳子上。

☞114. 两瓶溶液的分量

答案：一样多。

第二次取出的混合液因为和第一勺取出的酒精体积相等，都设为a。假设这勺混合液中酒精所占的体积为b，那么倒入第一瓶酒精中的水的体积则为a-b。倒入第二瓶水溶液中的酒精体积为a，第二次舀出b体积的酒精，则第二瓶中水里还有a-b体积的酒精。所以，无论是第一瓶中加入的水的体积，还是第二瓶中加入的酒精的体积，都是一样多的。

☞115. 四个家庭

答案：萨姆不是阿尔萨斯犬（线索1），萨姆的主人是利德（线索1），它不是吉娃娃狗，吉娃娃狗属于可勒家的（线索3）。马尔斯是约克夏小猎犬的名字（线索6），根据上述线索可以得出，萨姆是拳师犬，住在17号房子里（线索2）。根据线索1，阿尔萨斯犬应该住在18号房子里，它的主人不是肯内尔（线索5），也不可能是利德或可勒，所以是波尼。因此，马克斯是肯内尔家的狗。弗雷迪的家不是19号房子（线索4），也不是阿尔萨斯犬，所以它是可勒家的吉娃娃犬。最后得到，阿尔萨斯犬名叫迪克，肯内尔家住在20号房子里。

最终对号顺序如下：

17号，利德家，拳师犬，犬名——萨姆；

18号，波尼家，阿尔萨斯犬，犬名——迪克；

19号，可勒家，吉娃娃犬，犬名——弗雷迪；

20号，肯内尔家，约克夏小猎犬，犬名——马克斯。

🖝 116. 划分农场

答案：

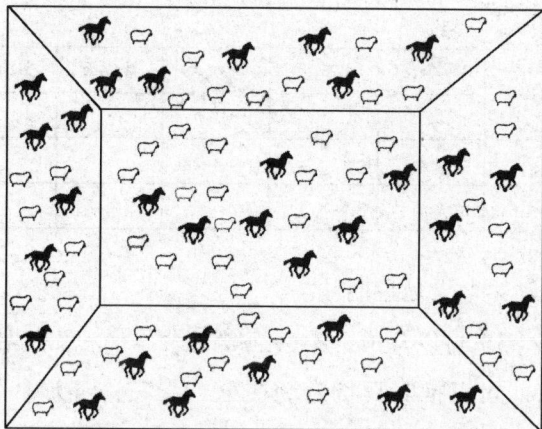

🖝 117. 他们都在做什么

答案： A在上网聊天，B在看书，C在写作业，D在玩游戏。

可以用排除法求得答案。由1、2、4、5可以知道，A、B没有在玩游戏，C也没有在玩游戏，因此玩游戏的就只有D；但是这与线索3相矛盾，所以线索3的前提肯定不成立，即A应该是上网聊天；在线索4中C既没有在看书也没有玩游戏，由前面分析，C不可能在上网聊天，所以C在写作业，而B则是在看书。

🖝 118. 立体的画面

答案： 稍微倾斜这张纸，然后闭上一只眼睛从C的位置观看这些细线，你就会发现，这些细线都竖立在纸上了。很多问题都是如此，换个角度来看，你就会有一些意想不到的收获。

🖝 119. 木棍的长度

答案： 虽然这个图形看起来有密有疏，但是不要被你的视觉蒙骗，组成图形的木棍完全是一样长的。

120. 共同营业日

答案： 根据题目的已知条件，可以得出下面的表格（×代表休息，√代表营业）：

	第一天	第二天	第三天	第四天	第五天	第六天	第七天
百货商场	×				×		√
超市		×		×			√
银行			×			×	√

现在来判断第七天是星期几。

根据线索（3）可以知道，不会连续三天营业，又根据线索（1），每周工作四天。可以推断百货商场在第二、三、四天中一定有一天休息；超市第六天休息；银行第一、二天一定有一天休息。其他时间都是营业的。由此可以得到下表：

	第一天	第二天	第三天	第四天	第五天	第六天	第七天
百货商场	×				×	√	√
超市	√	×	√	×	√	×	√
银行			×	√	√	×	√

在第一天到第六天中，有一天是星期天。由上表可以知道，星期天只可能在第二天。所以，第七天是星期五。也就是说，星期五三家单位一起营业。

121. 说谎的孩子

答案： 是C偷吃了糖果，只有D说了实话。要知道问题的答案，只要运用假设法就可以知道。分别假设A、B、C、D说了实话，看看是否能满足已知的条件即可知道。

122. 不可能的模型

答案： 这是逻辑学上有名的悖论。在这幅图形中，你会发现左边连接转角的木块（如图所示的黑色木块）在现实中是不可能实现的，它不可能实现突然转弯。

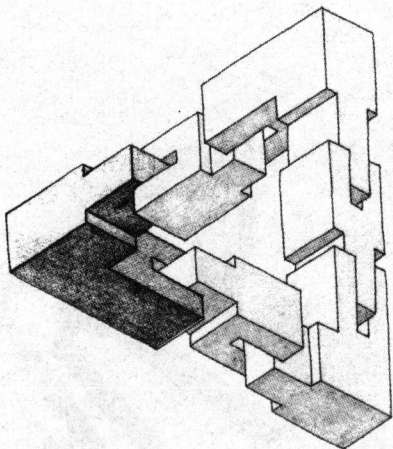

➩ 123. 谁是预言家

答案： 这道逻辑思维题看似复杂，如果我们能够借鉴数学中解方程的方法，进行假设来解决问题，就会很轻松地得到答案。

因为预言家是4个徒弟中的一个，也就是说这个人或者是A、B、C或者D。

假设B的预言是正确的。如果B的预言是正确的，那么C将成为预言家。这样，C的预言也是正确的。结果就将有两个预言家。这是不符合题设条件的。因此，B的预言是错的，他没有当上预言家。

因为B的预言是错的，所以C后来也没有成为预言家。C的预言也是错的。C曾经预言："D不会成为建筑师。"既然这个预言是错的，那么D日后将成为建筑师，而不是预言家。

排除了B、C、D，就推出预言家一定是A。

这时，只剩下武士和医生两个职业了，因为A的预言是正确的，所以B不能成为武士，只能是医生了。这样，4个人的职业分别就是：

A成为预言家；B成为医生；C成为武士；D成为建筑师。

124. 重修小道

答案：

125. 被看错的号码

答案：倒着看的时候仍然是数字的只有0、1、6、8、9。所以不难判断出丹丹的号码数字是1986。

126. 六个小孩

答案：如果F排在E后面的话，那么顺序就是CEBFA，这样剩下的条件（4）和（5）无法同时满足，所以F肯定是在E的前面；这样B、C、E、F四个人的顺序就是CF（或者FC）EB，因为E不是第五个，所以A和D不能都在E的前面，两人也不能都在B的后面，所以顺序就是CF（或者FC）AEBD（或者DEBA），但是无论何种组合，排在第四位的都是E。

127. 一宗凶杀案

答案：是乙。

假设队员甲在接到手机呼叫后就被杀，时间为9∶15。

上游的丁返回接手机呼叫时间为9:50，也就是说只有35分钟，少于40分钟，逆水而上时间不够。

对岸的丙返回接手机呼叫时间为9:45，也就是说只有30分钟，对岸30分钟回不去，这不符合条件。只有乙在甲下游，第一次接到手机呼叫时是8:15离9:15有60分钟，9:15离他第二次接到手机呼叫时间9:40有25分钟，总计时间有85分钟，而且下游的他在60分钟内有足够的时间逆水到达队员甲的帐篷。在25分钟内有足够的时间顺水回到自己的帐篷接到手机呼叫。

▷ 128. 国王的律令

答案：国王所设想的结果是不可能实现的。因为女人所生的第一胎中，男女的比例各占一半，女人生育了女孩后将不能生育，生了男孩的可以继续生育第二胎，而第二胎中男女的比例也是各有一半。生女孩的女人虽然被禁止生育，但是其他可以生育的女人每一轮所生孩子男女的比例都是对等的。因此，将各轮生育的结果相加，男女比例始终还是对等的。

▷ 129. 均分色块

答案：有两种分割方法。

方法一：

方法二：

130. 谁才是凶手?

答案: 四个人的供词显示, A、C离开时, 医生已死, B、D到达时医生还活着, 所以, B、D应该比A、C先去的医生家。根据他们的陈述可以知道, B不是第二个去的, C也不是第三个去的, 所以四个人的出场顺序应该是: B、D、A、C, 而从D的第一句话知道他不是凶手, 所以凶手是A。

131. 绳子的长度

答案: 假设把这段圆柱体展开压平, 可以得到展开图如下:

根据毕达哥拉斯定理(又名"勾股定理")有, $c^2=a^2+b^2=3^2+4^2=25$(m)。求得$c=5$(m), 所以绳长为$4 \times 5=20$(m)。

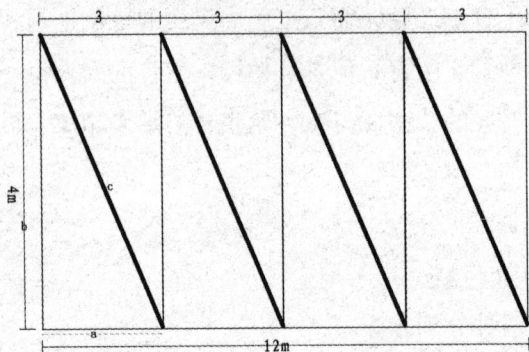

132. 哈米尔顿回路

答案: 按照下面图形中的数字先后顺序进行连接, 将会得到哈米尔顿回路。

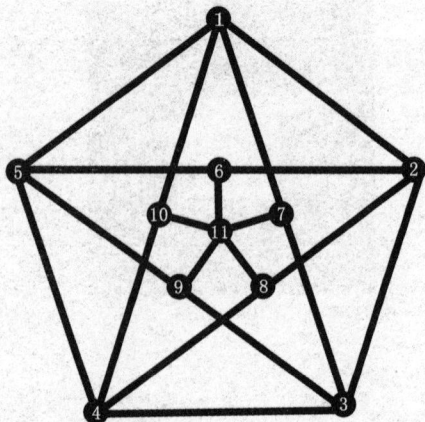

133. 凶手的破绽

答案： 因为英国人写日期是先写日，再写月；但是美国人却刚好相反，他们通常先写月，再写日。所以这封遗书很可能是美国人伪造的。

134. 看穿牌底

答案： 扑克牌翻过来后排列顺序如下图：

135. 折出来的椭圆

答案： 在圆上点一个点，然后沿任意直线折这个圆，使其边缘与此点接触。确定这条折痕。重复折多次后，你就会发现这些折痕围出一个椭圆。

这些折痕是椭圆的切线，把椭圆围在其中。再取几张圆形纸，看看要是初始点越来越靠近圆心会出现什

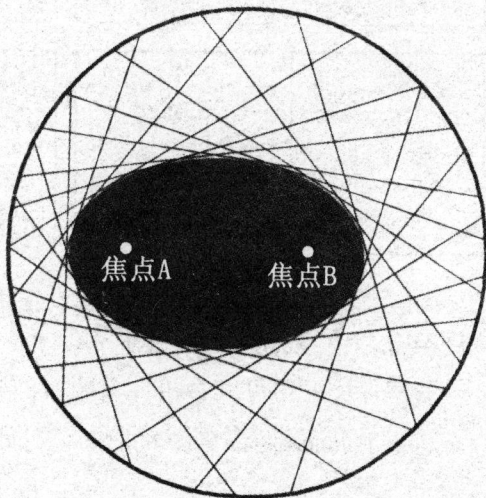

焦点A　焦点B

么情况。在下面的图示中，点A和点B是椭圆的焦点。

☞ 136. 爬楼

答案： 不对，实际是嘟嘟要比点点多爬一倍多的楼梯。因为嘟嘟住在8层，所以每天要爬7层楼梯；点点住在4层，所以每天要爬3层楼梯。因此，嘟嘟实际比点点多爬了一倍多的楼梯。

☞ 137. 快速长大的人

答案： 这位小伙子的生日是2月29日，他是在2月28日在酒吧喝的酒。

☞ 138. 两辆火车

答案： 两列火车相遇时，它们距离波士顿的距离是相等的。

☞ 139. 将军巧布阵

答案：

10	80	10		15	70	15		20	60	20		25	50	25
80		80		70		70		60		60		50		50
10	80	10		15	80	15		20	60	20		25	50	25

30	40	30		35	70	35		40	20	40		45	50	45
40		40		70		30		20		20		10		10
30	40	30		35	80	35		40	20	40		45	10	45

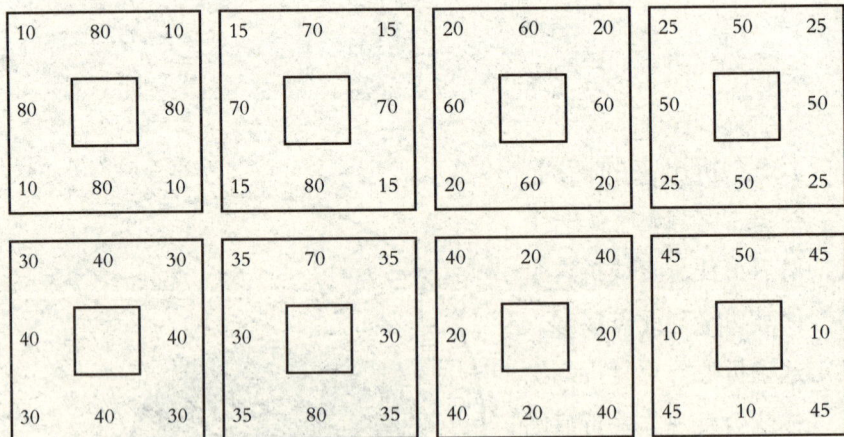

☞ 140. 会"分身"的士兵

答案： 从下图可以看出，只要有8名士兵就可以让班长从4个瞭望口分别看到每面都有3名士兵把守。另外4名士兵就可以悠闲地去山林打猎了。

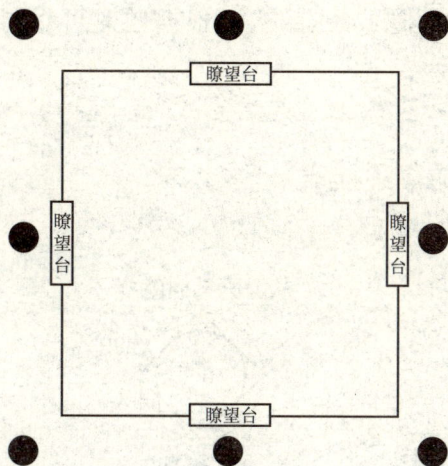

☞ 141. 聪明的学者

答案：智者塔利斯观察金字塔很久了：底部是正方形，四个侧面都是相同的等腰三角形（有两条边相等的三角形）。要测量出底部正方形的边长并不困难，但仅仅知道这一点还无法解决问题。他苦苦思索着。

当他看到金字塔在阳光下的影子时，他突然想到办法了。这一天，阳光的角度很合适，所有东西都拖出一条长长的影子。泰勒斯仔细地观察着影子的变化，找出金字塔地面正方形的一边的中点（这个点到边的两边的距离相等），并作了标记。然后他笔直地站立在沙地上，并请人不断测量他的影子的长度。当影子的长度和他的身高相等时，他立即跑过去的测量金字塔影子的顶点到做标记的中点的距离。他稍做计算，就得出了这座金字塔的高度。

☞ 142. 寺庙中有多少僧人

答案：每个人用了（1/3）+（1/4）个碗。那么，僧人则有364÷（1/3+1/4）=364÷7/12=624（人）。

☞ 143. 这个梯子多少级

答案：22级。

可以假设这个梯子共有x级。根据题意可以得出：$x/2-3+7-2+6=x-3$，得出$x=22$。

144. 物体的真实样子

答案：

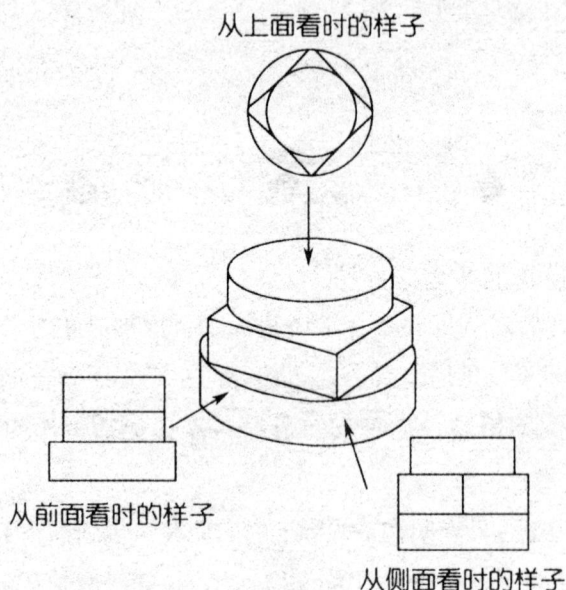

从上面看时的样子

从前面看时的样子

从侧面看时的样子

145. 奇怪的对话

答案：尼德尔瓦勒先生的那个朋友是位女士，而不是男士；他当然知道他朋友的名字，所以朋友女儿的名字当然就是埃莉诺了。

146. 三个圆的奇怪现象

答案：是的。3根弦总会相交于一点。

147. 镜子的威力

答案：科学家和历史学家们长期以来都认为这个故事是虚构的。但几世纪来，有很多关注这个问题的人一心想证明其真实性。这些人称，阿基米德并没有用巨大的镜子，而是用一系列以某种方式排列好的小反射镜。叙拉古军队战士们的盾牌就可以派这用场。

然而，就算阿基米德让他们列队并聚焦太阳光照射到罗马舰队的船上，那么这些船是怎么燃烧起来的呢？

1747年法国自然学家乔治·路易·莱克勒克·德·布封用168面普通的长方形平面镜做了个实验。按一种方式把它们排列起来后，他点着了100米远的一张纸。叙拉古的港口没那么远：罗马舰队可能在离陆地20米以内。

1973年一位希腊工程师做了同样的实验，用了70面镜子把太阳光聚焦到离岸80米远的小船上。镜子排好后，没过几秒钟船就烧着了。这些镜子略微有些凹，但阿基米德完全有可能做出这样的镜子。

148. 最薄弱的一环
答案：截断5号环即可。

149. 平衡米尺
答案：摩擦力总是阻碍米尺掉下去。离米尺中心越远的手指所受的支持力越小，它所受的摩擦力也就越小，所以它先移动。当手指越来越接近中心时，这个手指所受的支持力也越来越大，于是滑动摩擦力也越来越大，超过尺和另一个手指静摩擦力。在这时尺将沿着手指滑下，然后沿另一个手指滑，如此交替直到两个手指最终都到达尺的质心。

从中间开始，先移动的手指必然会立即承受较小的支持力，移得越远受力越小。在这种情况下没有其他运动方式。

150. 九个数字
答案：123-45-67+89=100

151. 救命的一句话
答案：他说的这句话是："你还是把我喂蝙蝠吧！"如果他说的是对的话，他就会被榨成油；如果他说的是错的话，他会被喂蝙蝠。但是，找到正确的惩罚却是不可能的。因此，这位聪明的农民把这个难题转交给了女巫手里，女巫只好无奈地放走了他。

☞152. 死里逃生

答案：正因为这个圆球很大，所以它和隧道的4个角之间有很大的空隙可以躲避。所以琼斯不会被压到。

☞153. 井中的青蛙

答案：5天。

根据题意可以这样理解：这只青蛙以每天3米（6-3=3米）的速度向井口攀爬，每天爬3米，4天向上爬12米，第5天爬6米出井口。

☞154. 最短的距离

答案：最短路径不是沿着立方体的边。要想算出最短路径，先把立方体展开为一个平面，如图所示。然后在瓢虫和蚜虫之间画一条直线——这就是最短路径。

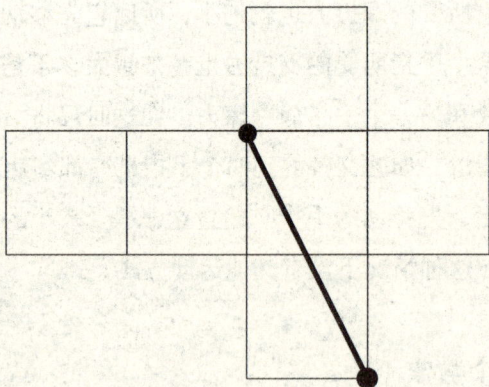

☞155. 小丑过桥

答案：桥不能承受住小丑。

根据牛顿第三定律，任何物体施力时也是受力物体；小丑把环抛向空中时，对环施加了一个力，这个力比环的重力大。这个力加上小丑的重量（80公斤）和两个环的重量（20公斤）压垮了这座桥。

156. 水壶中的水

答案：①号水壶装水更多一些。虽然②号水壶更高一些，但是因为喷洒的位置比①号水壶低。即使水壶再高，最高水位也就到喷洒的位置。因此①号水壶装水更多。

157. 旋转的螺丝钉

答案：两只螺丝钉保持相对距离不变。

158. 狩猎者和猴

答案：飞镖飞行的下落情况（其轨迹竖直方向上的分量）与猴子的下落情况完全相同。无论飞镖的速度如何，它都将命中猴子。

159. 独眼观单摆

答案：他会看到单摆沿逆时针椭圆轨迹在三维空间中运动。如果他装上右眼的镜片，那么单摆就呈顺时针运动。

这个问题展现了光的强度对判断远近深浅的影响。暗的视网膜影像传到大脑的速度比亮的慢很多。这个与光速无关，光速是恒定的。从隔有镜片的眼睛中看到的影像传到大脑要比没有镜片隔阻的那只眼睛慢上几分之一秒。

当大脑同时获得两个有一点点时间间隔的运动影像时，大脑会把它们认为是立体的，产生本不存在的立体感。这个效果在单摆摆到当中时最明显，也就是摆得最快的时候，因为在这点两个影像的差别最大。

160. 报纸下的木条

答案：报纸下面的木条不会动。事实上，如果你的一击足够用力，木条可能会突然折断，但是报纸却不会动。这是因为大气压住了报纸，阻碍其运动。这使它紧紧地压住了木条。大气的压强为每平方厘米1千克。大气压在报纸上，在其表面大约产生2.25吨的压力，这足以使报纸紧紧地压住木条，以致其断裂。

161. 高尔夫球的思考

答案：高尔夫球在空中飞行的时候，经常带反旋。其表面的小坑裹住一层空气。因为上层的空气比下层的流得快，这样可以使球飞得更高。这便是"贝努利原理"，这条原理也是飞机飞行的依据。

表面没有坑的高尔夫球飞行的距离只能达到有坑的高尔夫球的一半。

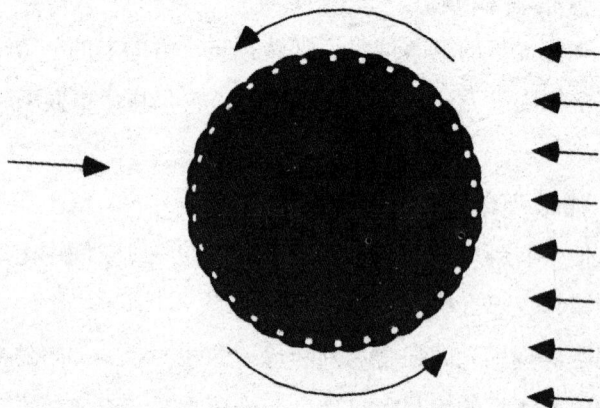

162. 谁是谁的伴侣

答案：迪尔德利和贺瑞斯是夫妻；伊莫金和克劳德是夫妻；艾丽卡和赛尔温是夫妻。

163. 水中的放大镜

答案：不会。在水中放大镜的放大作用会减小。放大镜的放大作用取决于玻璃的曲率和光在空气与玻璃中传播的速度差。水和玻璃中的光速差没有空气和玻璃中的大，所以放大镜在水中不能有效地放大图像。

☞ 164. 办理业务的顾客们

答案： 因为4号窗口的顾客在购买一本邮票集锦（线索4），3号窗口的顾客在办理公路收费执照（线索2）。路易斯在3号窗口工作（线索3），那么亨利就在1号窗口工作。艾丽斯在2号窗口前提取养老金（线索1）。

用排除法可知，亨利必定在寄挂号信。所以，大卫必然在2号窗口工作（线索5）。在亚当工作的窗口前办理业务的不是亨利（线索2），所以迈根必然在1号窗口处工作，亚当在4号窗口处工作，从亚当那里购买邮票的不是玛格丽特（线索4），他是丹尼尔。剩下在路易斯工作的窗口前办理公路收费执照的是玛格丽特。

最后，罗列他们的对应关系为：

1号窗口，迈根、亨利，挂号信；

2号窗口，大卫，艾丽斯，养老金；

3号窗口，路易斯，玛格丽特，公路收费执照；

4号窗口，亚当，丹尼尔，邮票集锦。

☞ 165. 康师傅的美味蛋糕

答案： 把这个图像倒过来看，就会发现盒子里只有一块蛋糕。

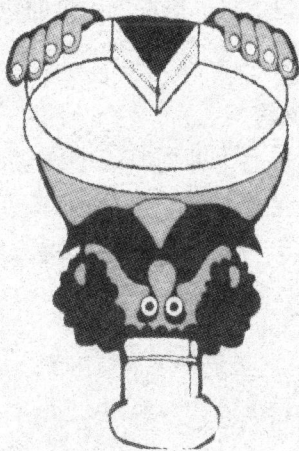

⇨ 166. 圆的八等份

答案： 用直尺和圆规可以把圆分割成任意个面积相等的部分。只要把直径等分成所需要分割的数目，然后用圆规依次画半圆，如图所示。

中国古代的数学家很早就知道了这种方法：阴阳八卦图就是其中一例。

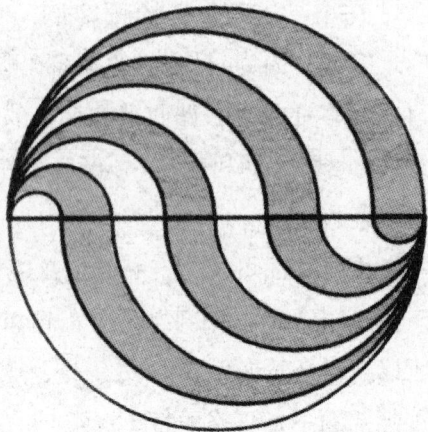

⇨ 167. 群鸟归巢

答案： ①号鸟巢是燕子的；②号鸟巢是莺的；③号鸟巢是大苇莺的；④号鸟巢是鹳的；⑤号鸟巢是鹰的；⑥号鸟巢是攀雀的。

⇨ 168. 公寓中的三房客

答案： 因为出租车司机从没有看过棒球比赛，所以他肯定是威廉姆斯先生。因为爱德华兹先生从来没有听过集邮，所以他肯定不是集邮者。这样，可以确定这三人的职业分别是：威廉姆斯先生是出租车司机；爱德华兹先生是司炉工；巴尼特先生是面包师。

⇨ 169. 小岛上的旅游

答案： 蓝色海湾镇拥有卡西诺赌场（线索4），巴瑞特一家人所住的小镇拥有宜人的海滩（线索2）。罗德斯一家人住在国王乡村中，但此处没有游艇港湾（线索1），所以它肯定是潜水中心。我们知道住在蓝色海湾镇上的家庭不是巴瑞特或者罗德斯一家，同时也不可能是沃德尔一家（线索4），所以它必定是莱斯特一家。因此，蓝色海湾镇位于B处（线索2）。D处小镇叫做白色沙滩（线索3）。

在游艇港湾顺时针方向的下一站就是国王乡村镇（线索1），所以国王乡村镇不可能是C处小镇，它必然是A处小镇，剩下C处是纳尔逊镇。游艇港湾必定在白色沙滩镇上（线索1），所以，用排除法可知，必定是沃德尔一家人住在白色沙滩镇上。那么巴瑞特一家人肯定在纳尔逊镇上，那里有宜人的海滩。

最后罗列一下它们的对应关系为：

A镇，国王乡村，罗德斯，潜水中心；

B镇，蓝色海湾，莱斯特，卡西诺赌场；

C镇，纳尔逊镇，巴瑞特，宜人海滩；

D镇，白色沙滩，沃德尔，游艇港湾。

☞170. 引起错觉的画

答案：是笔直的。因为视觉上的错觉，会让人感觉它们都是弯弯曲曲的。

☞171. 大家来找茬

答案：

☞ 172. 被偷走的金球

答案：最多可以取走6个球。如下图所示，黑色部分是可以取走的金球。

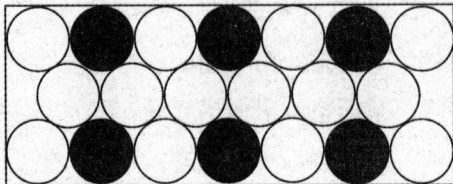

☞ 173. 只要一半的水

答案：把鱼缸从一边抬起，这样水就会从另一边溢出。当水平面正好处于鱼缸的一个上角到鱼缸的一个下角的对角线时，鱼缸内的水正好处于鱼缸的中间位置。

☞ 174. 谁在说谎

答案：不可信。

读者可以观察一下两个弹孔的裂纹。麦克雷开枪造成的弹孔在汽车挡风玻璃上的右面，它周围的裂纹一直扩散到挡风玻璃的边缘。而左面路易斯射击造成的弹孔，其裂纹只扩展到右面弹孔的裂纹处就中断了。这说明，右面弹孔周围的裂纹的出现要早于左面弹孔周围的裂纹的出现。由此可见，是麦克雷先向路易斯开枪，而路易斯则是在被打中左胸后再用右手还击的。

☞ 175. 一场枪战

答案：在题目所规定的前提下，这七个人谁也没有移动过位置，而且每个人都开过枪，被打死的人又是不能再开枪的。这样，我们不妨倒过来进行推理，看最后一个被打死的是谁。

因为阿里是唯一的幸存者，所以最后死的那个人肯定是被阿里打死的，从阿里所处的位置可以向汤尼和巴比两个人瞄准，他要么打死了汤尼，要么打死了巴比，而题目已经告诉我们，巴比是第一个倒下的人，因而最后倒下的是汤尼；在汤尼之前倒下的肯定是法亚，因为汤尼瞄准的是阿里和法亚，而阿里是唯一的幸存者，所以被汤尼打死的只能是法亚；在法亚之前倒下的是胡安，因为法亚瞄准的是胡安和汤尼，而法亚是被汤尼打死的，所以法亚打死的只能是胡安；在胡安之前倒下的是皮得，因为胡安瞄准的是皮得和法亚，而上一步已经推知法亚打死了胡安，所以胡安打死的只能是皮得；在皮得之前倒下的是奥费，因为皮得瞄准的是奥费和胡安，而皮得是被胡安打死的，所以皮得打死的只能是奥费。

题目已经告诉我们，第一个倒下的巴比是被阿里打死的。

到这里我们已经推断出如下的结果：阿里打倒巴比；皮得打倒奥费；胡安打倒皮得；法亚打倒胡安；汤尼打倒法亚；阿里打倒汤尼。顺序是：巴比、奥费、皮得、胡安、法亚、汤尼。

☞176. 泡泡实验

答案：泡泡内部的压力随着泡泡体积的增大而减小。它与泡泡体积成反比。因此，小的肥皂泡内部的压力要比大的那个大，这将会使得其中的空气通往大的那个肥皂泡中，最终将使大的肥皂泡爆裂。这个结果很难想象得到，除非你亲自实验。

☞177. 树中的画像

答案：

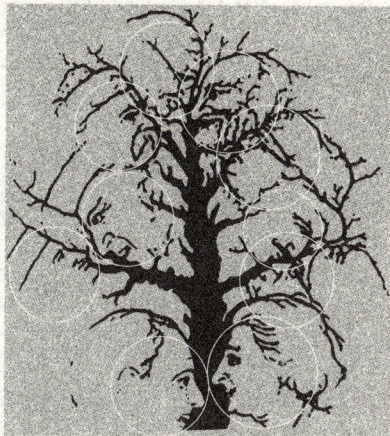

178. 卖菠萝的和买菠萝的

答案：菠萝原本1元钱1斤，也就是说，不管是里面的部分还是皮都是1元钱一斤。而分开后，里面的部分只卖7角，皮只卖了3角。也就是说，里面的部分少卖了（1-0.7）×8=2.4元，皮的部分少卖了（1-0.3）×2=1.4元，正好少卖了2.4+1.4=3.8元钱。

179. 圣诞老人的考验

答案：在剪断绳子之前，先在绳子中间打一个环儿，并牢牢地系住。然后用剪刀将绳环剪断，绳子一分为二，但是装饰物却并没有掉落到地上。

180. 墙上的通缉犯

答案：图片A指的是雅各布（线索2），图片D指的是丘吉曼（线索4）。赫伯特的图片与"男人"麦克隆水平相邻，前者不可能是图片C上的人，而图片C上的也不是西尔维斯特（线索1），那么图片C上的一定是马修斯。我们知道西尔维斯特不是图片A、C和D上的人，那么肯定就是图片B上的人。通过排除法，赫伯特一定是图片D上的人。从线索1中知道，图片C上的一定是马修斯，他就是"男人"麦克隆。通过排除法知道，雅各布的姓就是沃尔夫。因此，从线索3中可以知道，"小马"就是西尔维斯特·加夹得，他是图片B上的人。D上的赫伯特·丘吉曼不是"强盗"，那么他的绰号一定是"里欧"，而"强盗"就是图片A上雅各布·沃尔夫的绰号。

最终，他们的对应关系为：

图片A，雅各布·沃尔夫，绰号"强盗"；

图片B，西尔维斯特·加夹得，绰号"小马"；

图片C，马修斯·麦克隆，绰号"男人"；

图片D，赫伯特·丘吉曼，绰号"里欧"。

181. 数学教授的思考

答案： 首先，凑不够2个9人队，孩子总数最多为17人。若为17人以上，则可以凑成2个9人队或凑够2个9人队之后还有剩余。因此可以确定的是叔叔家的孩子最多有2个，若有3个或者3个以上，则其他三家至少分别有6、5、4个，总数大于17人。

叔叔家孩子有2个的情况如下：

主人	弟弟	妹妹	叔叔	对应门牌号
5	4	3	2	120
6	4	3	2	144
7	4	3	2	168
8	4	3	2	192
6	5	3	2	180
7	5	3	2	210
6	5	4	2	240

叔叔家孩子为1个的情况时，另外3个数相加≤16（17-1=16），且3个数各不相同，并且3个数中最小数≥2，可以列出这3个数相乘的积最大为4×5×7=140；其次为3×5×8=4×5×6=120；再次为3×4×9=108。此时已比上面所列最小积还要小，若答案在小于108的范围内，则不需要知道叔叔家的孩子是1人还是2人了。

所以，在知道4数积及最小数是1还是2的情况下，如果还不能得出结论，只有门牌号为120时才有可能。

因此，确定门牌号为120了，当知道叔叔家孩子个数时就能确定4个数的情况，只有如下一种情况：主人5个孩子，弟弟4个孩子，妹妹3个孩子，叔叔2个孩子。

182. 魔法小兔子

答案： 首先将2枚硬币平放在桌子上，使它们相互接触。然后在这2枚硬币上方再放两枚硬币，使其相互接触，并与下面的硬币相互接触。最后，将第5枚硬币竖立放置。如图所示，则5枚硬币两两之间都相互接触。

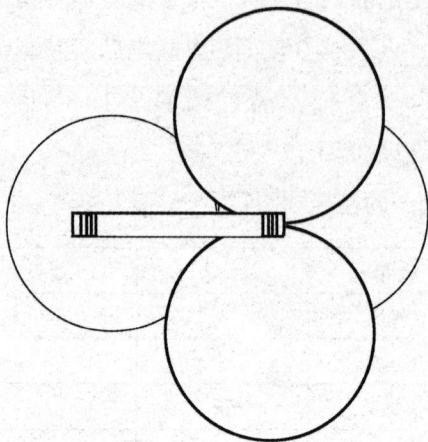

⇨ 183. 出行的四女士

答案： 村庄4的名字为克兰菲尔德（线索3），从线索5中知道，波利顿肯定是村庄2，那么利恩村肯定是村庄1，而剩下村庄3是耐特泊。村庄3的居民是出去遛狗的（线索2），从线索5中知道，这个居民一定是丹尼斯。而婚礼发生在利恩村（线索5），参加婚礼的人住的村庄一定是村庄4，即克兰菲尔德，因此，现在从线索4中可以知道，西尔维亚一定住在村庄2，即波利顿村。现在我们已经知道了村庄2和3的居民，以及村民4出行的目的，那么线索1中提到的去看朋友的波利一定住在利恩村。通过排除法，最后知道玛克辛住在克兰菲尔德，而西尔维亚出行的目的是去看望她的母亲。

最终，罗列出她们的对应关系为：村庄1，利恩村，波利，见朋友；村庄2，波利顿村，西尔维亚，看母亲；村庄3，耐特泊村，丹尼斯，遛狗；村庄4，克兰菲尔德村，玛克辛，参加婚礼。

⇨ 184. 狡诈的拍卖商

答案： 原来这块土地方位并不是正南正北朝向的。拍卖者所说的南北、东西长度指的是这块土地的两条对角线。所以，这块土地的面积只有5 000平方米，而不是1万平方米。

☞185. 古老战舰游戏
答案：

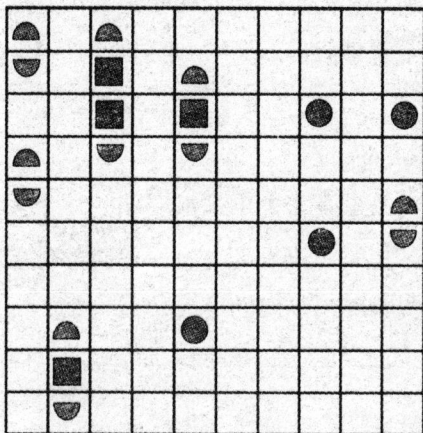

☞186. 四勇士
答案：这个故事的问题所在在于这些勇士们能否从剑鞘中拔出剑来。波浪形的剑是不能够从鞘中拔出的，其他的剑都可以拔出。当然，螺旋形的剑必须得旋转着拔出才可以，但是这样就会给用剑的人带来速度上的劣势。

☞187. 数学分析法
答案：硬币落在角上方格中的概率大约是50%。要证实这一点，你只需要多投掷几次硬币亲自实验一下就可以知道了。一般来说，要求此概率，只要计算出四角格子的面积占据总面积的多少就知道了。

☞188. 找出假币
答案：把8个金币分成2个部分，一部分6个金币，一部分2个。

不管假币在哪一部分，我们只用2步就可以把它找出来：

先将第1部分的金币一边3个分别放在天平的左右两边。如果天平是平衡的，那么假币一定在剩下的2个中。再将剩下的2个金币分别放在天平的两端，翘起的那一端的金币较轻，这个就是假币。

如果第1步分别将3个金币放在天平的两端，天平是不平衡的，那么假币在翘起的那端。再取这3个金币中的任意2个分别放在天平的两端，如果天平不平衡，那么轻的那一端放的就是假币；如果天平仍然是平衡的，那么剩下的那个就是假币。

⇨189. 画中的人物

答案：这道题的难度在于图中滚成一团的那个大雪球，其中的人头和脚虽然是对等的，但是不难发现，有一双脚的位置和头部位置是衔接不上的。因此，可以判断出隐藏的一人。

190. 张大婶卖水果

答案： 原来1个苹果可以卖1/3元钱，1个梨可以卖1/2元钱，平均价格是每个（1/2+1/3）÷2=5/12元钱。但是混合之后平均1个水果卖2/5元钱。比以前的平均价格少了5/12-2/5=1/60元。60个水果，正好少卖了1元钱。

191. 帽子上的数字

答案： 策略存在，100个人从0到99编号，每个人把看到的其他99个人帽子上的数字加起来，取和的末两位数字，再用自己的编号减去这个数字，就是他要说的数字（如果差是负数，就加上100）。

证明：假设所有人帽子上数字的和的末两位是S，编号n的人帽子上数字是X_n，他看到的其他人帽子上数字和的末两位是Y_n，则有$X_n=S-Y_n$（如果差是负数，就加上100）。每个人说的数字是$Z_n=n-Y_n$（如果差是负数，就加上100），因为S是在0~99之间的一个不变的数字，所以编号n=S的那个人说的数字$Z_s=S-Y_s=X_s$，也就是说，他所说的数字等于他帽子上的数字。

192. 被识破的谋杀案

答案： 如果是自杀的话，开枪打死自己后，不可能把拿着枪的手放回到被子里。

193. 夫妻散步

答案： 他们永远也不会同时迈出左脚。

194. 填数字

答案：

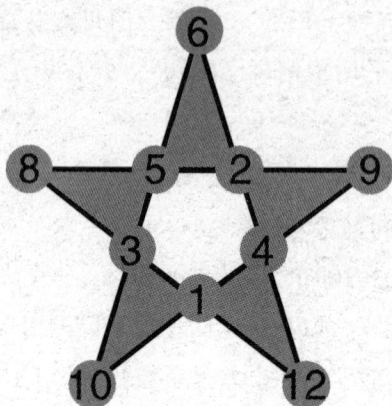

195. 摆放硬币

答案：

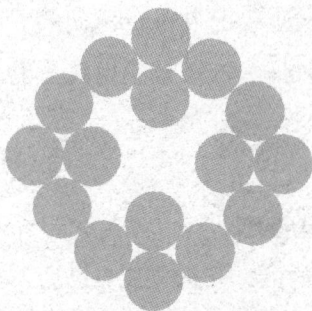

196. 一张复写纸

答案：首先，复写的名字只会出现在第二张纸的正面，因为不管你怎么折叠，复写纸油墨面只能接触第二张纸的正面、在上面会出现两份复写的名字，一个在上半张，另一个在下半张，为倒置的反写字。

197. 山羊的角斗

答案：根据题意可以知道，致使山羊脑袋破裂致死的自由落体高度为20英尺，速度为20英尺/秒，那么正好可以导致这两只山羊致死的动

量为20（英尺/秒）·30（磅）=（54+57）（磅）·v

求得v=50/111英尺/秒，所以两只山羊至少有0.45英尺/秒的撞击速度。

198. 五个吸血鬼

答案：

乔治，阿尼纳的公爵，爱吃罪犯；

兰克，图尔达的伯爵，爱吃女人；

杰诺斯，纳波卡的男爵，爱吃老人；

米哈斯，扎勒乌的侯爵，爱吃外国人；

弗拉德，苏恰瓦的王子，爱吃有钱人。

199. 最少的损失

答案：1991元。

200. 最省的连结

答案：把其中一根链条的三个环剪断，然后以其连接其他的4根链条。

201. 相对的字母

答案：A和D，C和F，B和E。

202. 下落的大小石头

答案：我们通常觉得重的物体下落得快，但科学实验证明这是错误的。

牛顿第二定律表明，加速度和物体所受的力（此例中是重力）成正比，与其质量成反比。这个方程写作：a=f/m

其中a代表加速度，f是力，m是质量。因为质量引起的阻碍运动状态改变的性质叫惯性。因此，一个大石块重力是小石块的100倍，其质量（惯性）也是小石块的100倍，两者抵消，加速度不变。

一般说来，在不考虑空气阻力的情况下，海平面附近的物体下落的加速度都是32英尺每秒平方。

☞**203. 三夫妇过河**

答案：3个丈夫用A、B、C来表示，他们的妻子分别是a、b、c。他们可以按照下面的方法渡河：

（1）a和b先渡河，然后b把船划回来。

（2）b和c渡河，然后c把船划回来。

（3）c下船并和她的丈夫留下来，然后A和B渡河；A下船，B和b一起把船划回来。

（4）B和C渡河，把b和c留在出发点。

（5）a把船划回来，然后让b和她一起渡河。

（6）a下船，然后b把船划回来。

（7）接着，b和c渡河，这样所有人都成功抵达对岸！

☞**204. 谁更大一些**

答案：两者是一样大的。根据题意可以得出下图

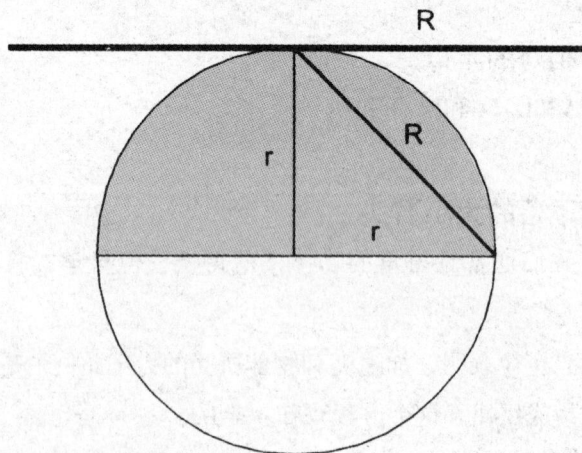

其中纸上的圆的面积为$S_纸=\pi R^2$

北半球表面积的公式为$S_表=(4\pi r^2)/2=2\pi r^2=2\pi(R^2/2)=\pi R^2$

所以，两者面积是一样大的。

205."剪刀手"赛明顿

答案： 图A所示的是最初的三角形，上面显示了将要被剪成的5个部分。纸片1便是这4个等边三角形中的1个。图B、C、D展示了其余3个等边三角形是如何利用这些纸片组成的。

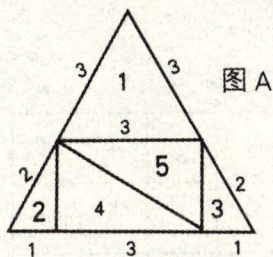

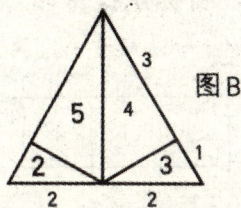

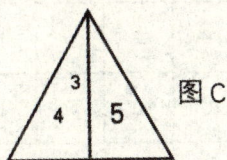

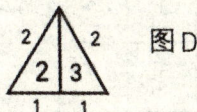

206. 巧测体积

答案： 首先测出瓶底的直径，然后把它除以2得到瓶底（圆形）的半径，再乘以圆周率（$\pi = 3.14159$）得到瓶底的面积。

测量葡萄酒的高度，然后颠倒瓶子，测量其中空气的高度。把它们加起来后乘上瓶底的面积，这就是瓶子的体积了。

207. 不可思议的平衡棒

答案： 质心越低越稳定的说法适用于静态平衡。而用手指平衡一根棍子的时候是动态的情况，手指要不断地移动来保持棍子的平衡。长的棍子有比较大的"惯性力矩"（物体保持原有运动状态的性质）。因此，长棍的质心移动得比较慢，可以给你更多的时间来移动手指以保持其平衡。但是，短物体的惯性力矩比较小，所以它们质心移动的速度会比你反应的速度快，也就不容易掌握其平衡了。

208. 引起怀疑的箱子

答案： 因为这个过境客携带的箱子过重，这样就会导致箱子底部出现一定的倾斜，很容易引起海关人员的注意。

209. 看标识找宝石
答案：

	1	1	1	3	1	2	1	3
1	→	0	↓	0	0	1	0	0
3	1	→	0	1	0	0	1	0
1	0	0	0	→	0	0	0	1
1	↑	0	↗	0	0	0	0	1
1	↗	1	0	0	↓	0	0	0
2	0	0	↖	1	1	0	0	←
3	→	0	1	1	↗	1	0	0
1	↗	0	0	→	↗	0	0	1

210. 同月同日生的人

答案： 23个人中两人生日相同的概率就有0.5左右。为了解答这个问题，先算一下每个人生日都不同的概率。两个人生日不同的概率相当大，有364/365。三个人中，概率就相对小些——大约是363/365。因为三个人可以两人两人地分开，所以他们生日不同的概率是两人生日不同的概率的乘积。把这个数一直连乘到小于0.5——意味着现在有两人生日相同的概率大于0.5。

当人数超过90人时，基本可以保证有两人的生日相同。

☞211. 对应的图形

答案：只有图3是正确的。原图有7个立方体排列在平面上（下图黑色方块），请注意它们排列的相对位置，只有图3是正确的。

☞212. 爷爷的泡泡派对

答案：10+10+5+7=32，所以答案是10个泡泡。

☞213. 动物园中的围栏

答案：

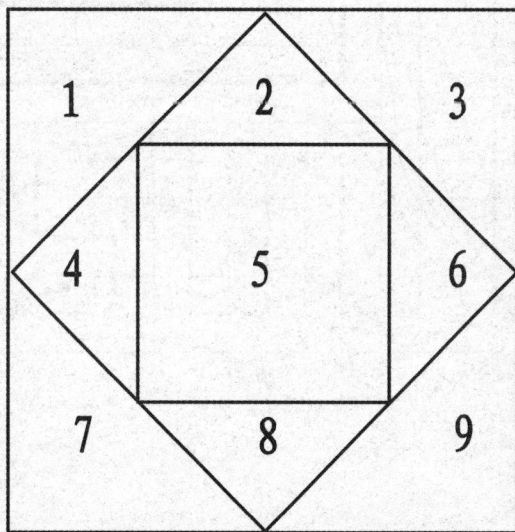

世界精英都在玩的
300个
思维游戏

☞ 214. 水面上的钢针

答案： 将一个宽口玻璃杯倒满水，剪一块儿比缝纫针稍宽的软纸，把这根针轻轻地放在纸的中间，然后把这张有针的软纸放入水中。过一会儿，软纸会因吸满水而沉入杯底，此时这根针将因为水面张力的扶持而漂浮在水面上。

☞ 215. 一张野战地图

答案： 下图是其中一种答案：一个士兵的路线用实线表示，另外一个士兵的路线用虚线表示。

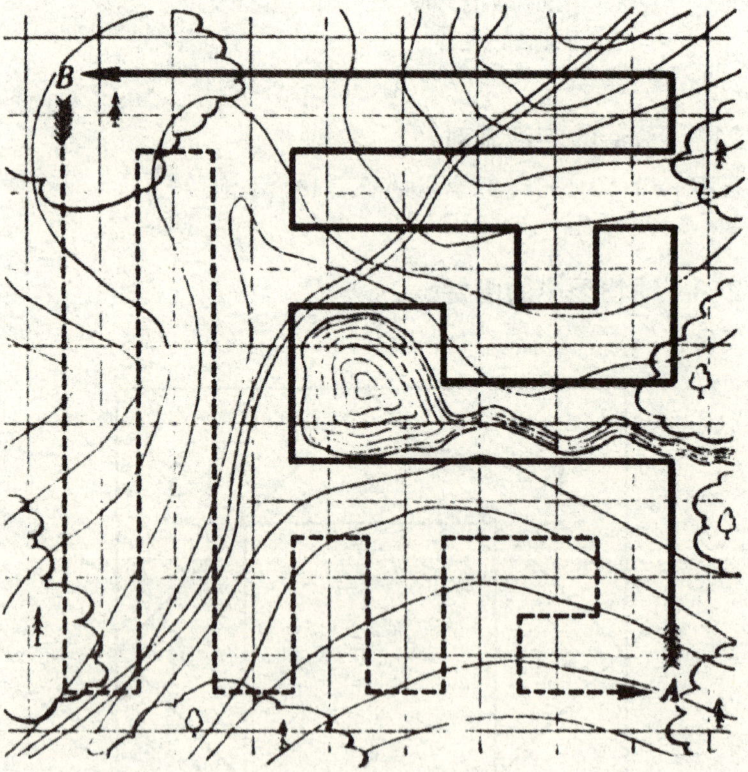

☞ 216. 星星的标号

答案：

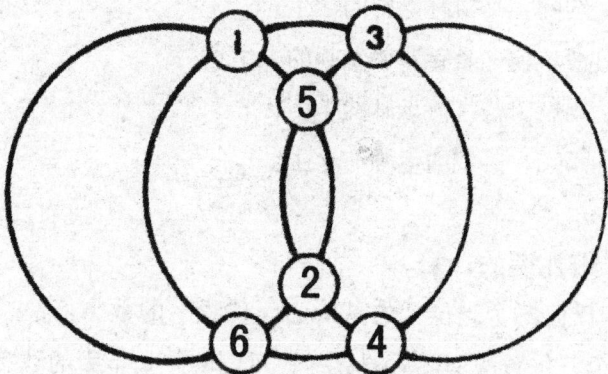

☞ 217. 加尔文的玩具

答案：加尔文为每辆拖拉机花了60元，为每辆挖土机花了15元，为每辆卡车花了5元。这样，第3堆玩具一共花了950元，第4堆玩具共花了80元。

☞ 218. 变化的图形

答案：此题因人而异，越早发现变化的说明其观察能力和分析判断能力越强。

☞ 219. 墓志铭中的谬误

答案：根据墓志铭上所说的，莎拉·方丹太太比她的丈夫爱德华·方丹先生要去世得早，如果这样的话，她又怎么能称为寡妇呢？

☞ 220. 古玩的原价值

答案：90%的账面价值与125%的账面价值之间差了35%，而35%相当于105元，所以1%就相当于3元。因此，原账面价值是300元。

☞221. 找到小孩的老师

答案：

学生1，约翰，是格林老师的学生；

学生2，劳埃德，是布罗德老师的学生；

学生3，马特，是肯特老师的学生；

学生4，韦斯，是威廉老师的学生。

☞222. 维扎德的计算

答案：任何两个三位数的差的中间位置上的数字都是9（第2个三位数是第1个三位数颠倒之后的数字；所谓的差是指大的数字减去小的数字所得的结果）。同时，这个结果的第1位和第3位的数字之和也等于9。所以，如果最后1位的数字是8，那么，第1位的数字就是1，而第2位的数字是9。

☞223. 慈善晚宴

答案：只要打中25、6、19这三只鸟就可以了。

☞224. 谁会赢得比赛

答案：第一个冲过终点的是青蛙。当它们到达橡树的时候，青蛙跳了7次，正好到达橡树，而蚱蜢在跳第5次的时候却超出了1米。这时，它们转身往回跳。由于蚱蜢每跳3次，青蛙就可以跳5次，所以青蛙当然会轻松击败蚱蜢。

☞225. 对应的关系

答案：

女孩1，艾米，是内特的女朋友；

女孩2，妮娅，是埃里克的女朋友；

女孩3，蕾娜，是罗兹的女朋友；

女孩4，凯莉，是特德的女朋友。

⇨ 226. 看望安妮姑妈

答案：贝蒂骑1个小时的自行车后把自行车放在路边，并继续步行2个小时，行走8千米后到达她的姑妈家；纳丁步行2个小时后到达放自行车的地方，然后骑1个小时的自行车，这样她就能和贝蒂同时在最短的时间到达姑妈家。

⇨ 227. 数火柴放硬币

答案：假如你从第5根火柴开始数，就会把硬币放在第7根火柴上。那么，要把硬币放到第5根火柴上面，应该从第3根火柴开始数。要把硬币放到第3根火柴上面，应该从第1根火柴开始数，依此类推。

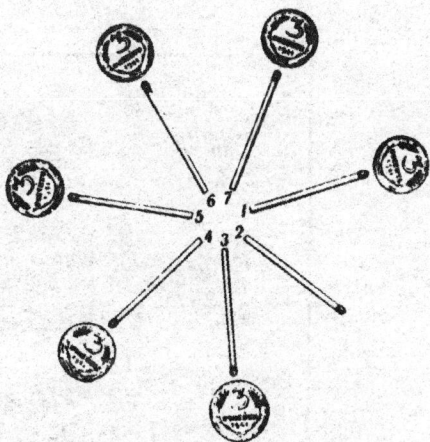

⇨ 228. 瓶塞游戏

答案：这个游戏的秘密就在于两只手交叉时的位置。没有经验的人将两只手交叉时，手掌往往朝向身体，这样就会出现我们所描述的结果。要解决这个难题，只需把右手的手掌向内转并把左手的手掌向外转，然后再抓住瓶塞。这样，两只手不仅不会相互交叉在一起反而会轻而易举地分开。

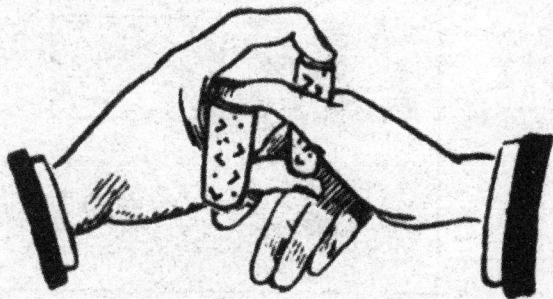

☞229. 复杂的家庭

答案：祖父的生日宴会有许多人参加。下面列出的是在场的家庭成员，其中也包括祖父：2个兄弟、2个姐妹，他们的父母，以及父母各自的父母——这样，对孩子而言就有1个祖父和1个外祖父，1个祖母和1个外祖母。因此，共有10位家庭成员。

☞230. 漂亮的贝壳盒子

答案：

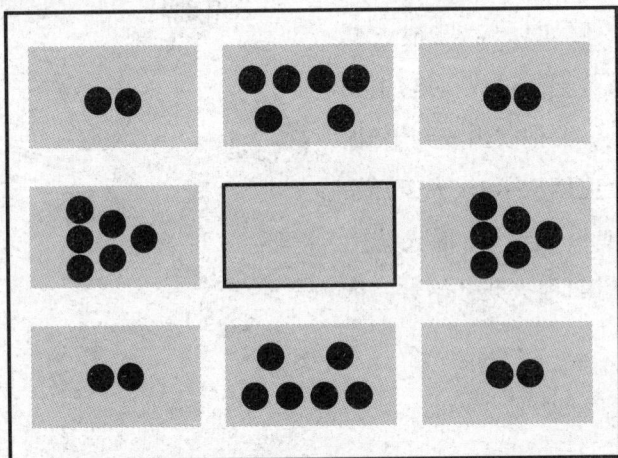

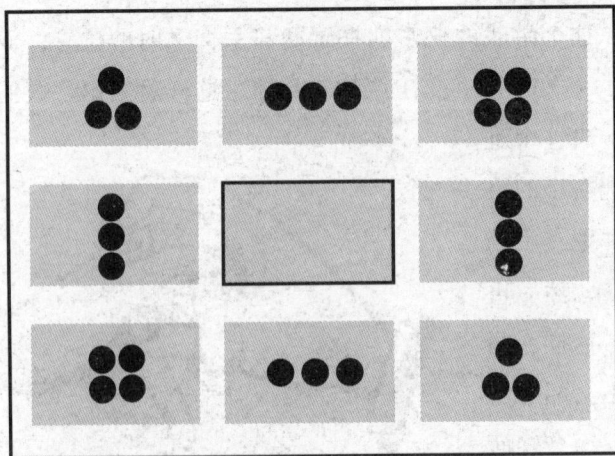

☞ **231. 计算阴影面积**

答案：阴影部分的面积是边长为3厘米的正方形面积的0.25。这个正方形的面积是9平方厘米，那么阴影部分的面积就是2.25平方厘米。

将边长为4厘米的正方形围绕小正方形中心点旋转到任何位置，遮盖部分的面积总是相等。在旋转过程中，当大正方形将线段ac平分时，遮盖部分的这个更小的正方形面积就是1.5厘米乘以1.5厘米，即2.25平方厘米。

☞ **232. 鼓膜上的数字**

答案：每个数都是前1个数的数位上的数字之积，即49为7乘以7所得、36是4乘以9所得、18是3乘以6所得。所以，答案是8，即1乘以8。

☞ **233. 电话连通的小镇**

答案：首先可以确定的是：E镇与A镇之间有电话线路，因为A镇同其他5个小镇都有电话线路，那当然包括E镇在内了。

其余的是哪两个小镇呢？我们从B、C两个小镇开始推理。

设：B、C两个小镇之间没有电话线路。那么，B、C两镇必然分别可以同A、D、E、F四个小镇通电话；如果B、C两镇分别同A、D、E、F四个小镇通电话，那么，只有三条电话线路的D、E、F三个镇就只能分别同A、B、C三个镇通电话。如果是这样，那么，在D、E、F之间是不能通电话的。但是，已知D镇与F镇之间有电话线路，因此，B、C之间没有电话线路的假设是不能成立的。换句话说，B、C两小镇之间有电话线路。

那么，有4条线路的B镇和C镇又可以同哪些小镇通电话呢？

从以上的推理中得知：B镇、C镇分别同A镇有电话线路，而它们相互之间又有电话线路。另外的两条线路是通向哪里的呢？假设：B镇的另外两条线路1条通D镇，1条通F镇；C镇的电话线路也是1条通D镇，1条通F镇。如果这个假设成立，那么D镇、F镇就将各有4条线路通往其他小镇。但是，我们知道，D、F两镇都只同3个小镇有电话联系，所以，上述假设不能成立。

假设：B、C两镇同D、F两镇之间都没有电话线路。如果这个假设成立，那么，B、C两镇就只有3条线路同其他小镇联系，这又不符合D、C各有4条电话线路的已知条件。所以，以上的假设也不成立。从以上的分析只能推出B、C两镇各有1条电话线路通向E镇。B镇的另一条线路或者通向D镇，或者通向F镇，C镇的另外一条线路或者通向D镇，或者通向F镇。而对于E镇来说，它肯定可以同A、B、C三个小镇通电话。

234. 布置线路的困惑

答案： 要解决这个难题，施工人员必须先铺设其中的1条水管道，该管道应该从水厂出来然后经过1号房子的下面到达3号房子。这条管道完成之后，其余的就容易解决了。

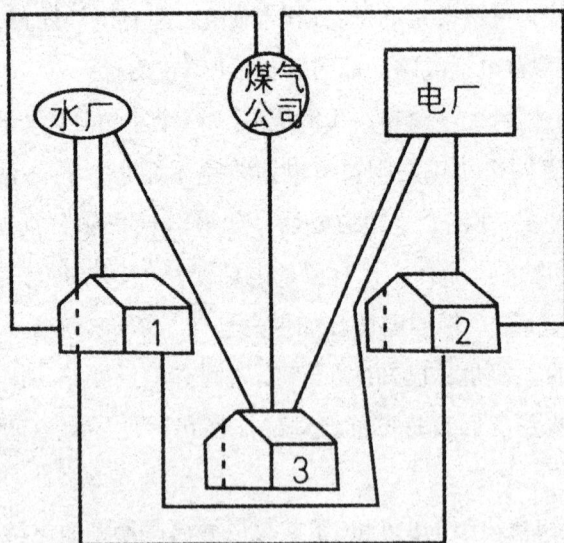

235. 两个弹弹球

答案： 小球将弹到原先的9倍高度。

这是因为动量和能量的储存。当大球落地时，它比小球先改变速度的方向。此时小球以速度V向下运动，而大球落地后以速度V向上运动，于是两球相对速度为2V。

如果两球相撞前的相对速度为2V，那么它们相撞后的相对速度也是2V。因为下面的球已经有一个向上的速度V，所以上面的球此时以速度3V运动。因为上面的球往上运动的速度是落地速度的3倍，所以它所能达到的最大高度是原先的9倍。

下落时两球的位置对于小球能达到的高度相当重要。若是能在一根管子里做这个实验，可以达到最明显的效果。

☞236. 盒子中的硬币

答案： 按照下面的步骤移动就可以获胜：2号移到1号、6号移到2号、4号移到6号、7号移到4号、3号移到7号、5号移到3号、1号移到5号。

☞237. 下落的瓶子

答案： 还得上升4倍的高度，也就是说，如果原来从5米的高度上扔的瓶子，要想提高速度为原来的2倍，则需要从20米的高度扔下瓶子。

直觉上，可能以2倍的高度下落就可以达到2倍的速度，但要使速度加倍就要使其加速度也加倍。这就意味着，促成其速度的能量应该为原来的4倍。

☞238. 浴缸中的戒指

答案： 下降。

根据阿基米德原理，物体上浮的原因是它排开了一定体积的水。因此，当戒指放到小鸭上时，小鸭下沉排开的水的重量等于戒指的重量。

因为金属戒指的密度比水大，所以排开的水的体积应该也比戒指的体积大。但是当戒指滑落到水中的时候，它排开的水的体积仅仅是它自身的体积的水，而不是相当于它密度的水。所以，水位会因为戒指的下落而下降。

239. 悬浮的乒乓球

答案：急速流动的气体压力比较小，而一直向上冲的气柱实际上能围住轻的物体，比如乒乓球。只要乒乓球略有移动，气流外的压力就会把它压回原位。

240. 玩玻璃球的男孩们

答案：4个男孩。

因为每人拿的球中，红>蓝>绿，而每人一共拿了12个球，所以红球最少要拿5个，最多只能拿9个。

红球一共有26个，每人至少拿5个，所以最多能有5个人。

小强拿了4个蓝球，那么他最多只能拿7个红球了；就算小刚和小明都拿了9个红球，他们三个也只拿了25个红球，少于26个，所以至少是4个人。

假设是5个人，那就有4个人拿了5个红球，1个人拿了6个红球。

对于拿了5个红球的人来说，蓝球和绿球只有一种选择：4蓝3绿，和只有小强拿了4个蓝球这个条件矛盾。所以是4个人。

拿球的组合情况如下表：

名字	红球数目	篮球数目	绿球数目
小强	5	4	3
小刚	6	5	1
小华	7	3	2
小明	8	3	1

241. 打破纪录的比赛

答案：

1号，琼斯·瓦内萨，跳远；

2号，赫尔·戴尔芬，100米；

3号，福特·凯瑞，标枪；

4号，哈蒂·洛伊斯，400米。

242. 吹蜡烛

答案：气流的流动导致低气压带的形成，因此两支蜡烛的火焰会朝中间靠拢。

243. 迷宫的路线

答案：

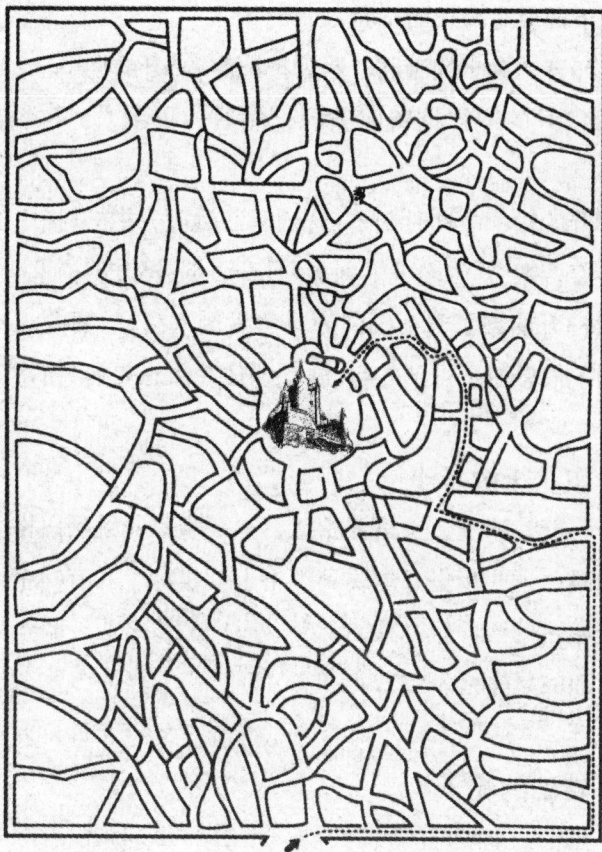

244. 爆炸装置

答案：第1个应该按第5行、第三列的2R。

☞245. 正确的时间

答案： 如果这3块表要再次在中午显示正确的时间，那么，每天慢1分钟的那块表必须等到它慢24小时中的12小时，而每天都快1分钟的那块表必须等到它快24小时中的12小时。以每天1分钟的速度，那么这3块表要过整整720天才能再次在中午显示正确时间。

☞246. 争吵的好朋友

答案： 下面就是操作的步骤：

（1）将3升的罐子倒满酒，然后把酒倒入5升的桶中。

（2）将3升的罐子重新倒满酒，然后，再倒入5升的桶中，倒满为止。

（3）3升的罐子中这时剩下1升的酒。然后，把5升桶中的酒倒回朗姆酒桶；接着，把3升的罐子里剩下的1升酒倒进5升的桶里。

（4）将3升的罐子重新倒满酒，然后倒入5升的桶内。这时，桶内正好有比利·伯恩斯想得到的4升酒，即他此次想要购买的酒。

☞247. 棋盘上的骑士

答案： 不能。骑士从黑格开始跳，下一步只能跳到白格上，同理，从白格开始跳，下一步也只能跳到黑格上。棋盘上共有64个方格，从a1（黑格）开始跳的话，经过1、3、5、7……63步之后，骑士最终应该跳到白格中。而h8是黑格。

☞248. 转动的轮子

答案： 是的，4个轮子都能转动。轮子C和轮子D沿着顺时针方向旋转，轮子B沿着逆时针方向旋转。

☞249. 移动棋子

答案： 甲先把一枚棋子放入a中，然后想方法使乙把第二枚棋子放入

a中。最后，甲就可以把最后一枚棋子放入a中，从而取得游戏的胜利。

🖙 250. 纸牌游戏

答案：顺序是——Q、Q、K、K、Q、K、Q、K。

🖙 251. 连接的线路

答案：线路3到达目的地C。线路1到达2的位置，线路2到达1的位置。

🖙 252. 拯救乘客

答案：以75千米/小时的速度，客车穿过0.5千米的隧道需要24秒。

这就是说，当弗瑞德到达隧道出口时，火车头已经从隧道口出来并行驶了3秒；因此时间太晚，他无法引起司机的注意。但是，由于火车完全进入隧道需要6秒的时间，所以等最后的车厢从隧道出来也需要6秒的时间。从弗瑞德开始向隧道出口跑，整列火车需要30秒才能驶出隧道。而弗瑞德跑到隧道出口需要27秒，这时间足够吸引刹车手的注意，从而拯救了乘车的旅客。

🖙 253. 正确的蓝图

答案：

大楼1——图纸11（俯视）

大楼2——图纸9（俯视）

大楼3——图纸13（俯视）

大楼4——图纸5（俯视）

大楼5——图纸7（俯视）

大楼6——图纸16（正视）

大楼7——图纸8（正视）

大楼8——图纸15（正视）

☞ **254. 隐藏的东西**

答案： 图中隐藏的是一台电视机。

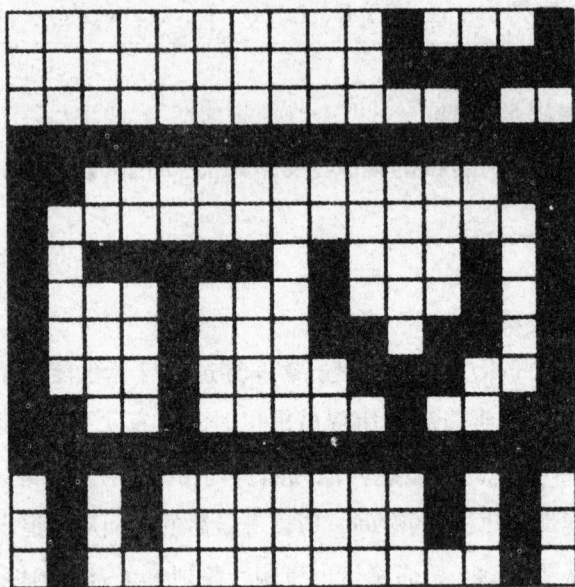

☞ **255. 相识纪念日**

答案： 根据（1）和（2），杰瑞第一次去健身俱乐部的日子必定是以下二者之一：

A. 汤姆第一次去健身俱乐部那天的第二天；

B. 汤姆第一次去健身俱乐部那天的第六天。

如果A是实际情况，那么根据（1）和（2），汤姆和杰瑞第二次去健身俱乐部便是在同一天，而且在20天后又是同一天去健身俱乐部。根据A，他们再次都去健身俱乐部的那天必须是在二月份。可是，汤姆和杰瑞第一次去健身俱乐部的日子最晚也只能分别是一月份的第六天和第七天；在这种情况下，他们在一月份必定有两次是同一天去健身俱乐部：1月11日和1月31日。因此A不是实际情况，而B是实际情况。

在情况B下，一月份的第一个星期二不能迟于1月1日，否则随后的那个星期一将是一月份的第二个星期一。因此，杰瑞是1月1日开始去健身俱乐部的，而汤姆是1月7日开始去的。于是根据（1）和（2），他们两人在一月份去健身俱乐部的日期分别为：

杰瑞：1日、5日、9日、13日、17日、21日、25日、29日；

汤姆：7日、12日、17日、22日、27日。

因此，汤姆和杰瑞相遇于1月17日。

256. 燃气式浴缸

答案： 需要5分钟的时间。

解决这个问题，首先要把时间转换成秒。

（1）打开凉水的水龙头，浴缸放满水需要400秒，即每秒进1/400的水。

（2）打开热水的水龙头，需要480秒的时间，即每秒进1/480的水。

（3）浴缸放完水需要800秒的时间，即每秒排1/800的水。

如果我们取4800作为它们共同的分母，便会得出以下等式：

12/4800+10/4800−6/4800=16/4800=1/300

这个值就是每秒放入浴缸的实际水量。这样，浴缸放满水就需要300秒，即5分钟。

257. 翻动纸牌

答案： 我们当然要掀开1号扑克牌，因为它的底面是蓝色。我们可以不顾红色底面的扑克牌，这样，我们把2号扑克牌略过。3号扑克牌是K，它的底面是蓝色或者红色都无关紧要，这样它也可以略过。最后，我们要把4号扑克牌翻过来。如果1号扑克牌是K，并且4号扑克牌的底面是红色，那么这个答案就是"肯定的"；如果1号扑克牌不是K或者4号扑克牌的底面是蓝色，那么这个答案就是"否定的"。

258. 旗子的顺序

答案： 顺序依次是：紫、蓝、黄、银、红、黑、绿、白。

（1）银色旗子离紫色旗子较近；

（2）红色旗子与白色旗子隔两面旗子；

（3）蓝色旗子在紫色旗子边上；

（4）黄色旗子在银色旗子与蓝色旗子之间。

259. 纽约港的巨轮

答案： 这3艘轮船下次同一天驶出纽约港需要等到240天以后。

因为240是12、16、20的最小公倍数，在这期间3艘轮船都可以完成航行。至于这段时间，每艘轮船所航行的次数，可以按以下方式计算。

第1艘轮船：240÷12=20次；

第2艘轮船：240÷16=15次；

第3艘轮船：240÷20=12次。

260. 采蘑菇的孩子们

答案： 设最后每个男孩各有X个蘑菇。那么玛露西亚给了柯里（X−2）个蘑菇，给了安德（1/2）X个蘑菇，给了瓦尼亚（X+2）个蘑菇，给了佩提亚2X个蘑菇。由题可得：

X−2+（1/2）X+X+2+2x=45

4（1/2）X=45

X=10

所以，玛露西亚分给柯里8个蘑菇，安德5个蘑菇，瓦尼亚12个蘑菇，佩提亚20个蘑菇。

261. 奇怪的电梯

答案： 可以走遍所有的楼层。最少的步骤是19步，顺序如下：

0——8——16——5——13——2——10——18——7——15——
4——12——1——9——17——6——14——3——11——19（12
"上"，7"下"）。

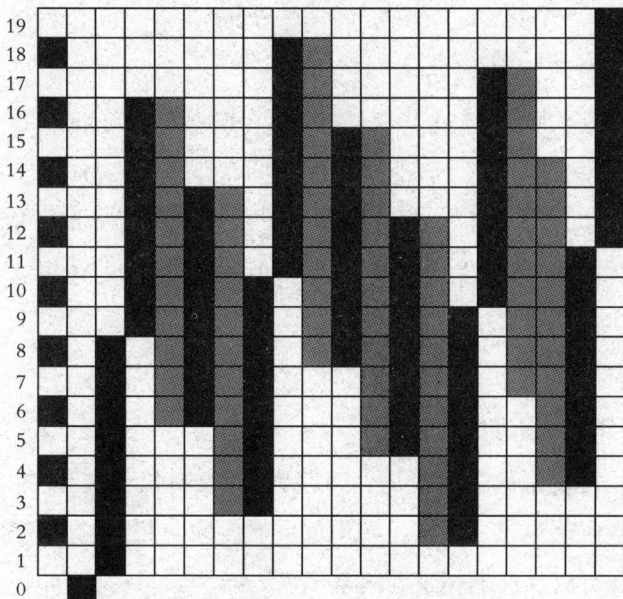

262. 魔鬼的计谋

答案： 这道题我们用逆推法来做。

懒人第3次过桥时，他只有12元钱。12元钱加上第2次过桥后给魔鬼的24元钱，那么他第2次过桥后有36元钱。因此，他在第2次过桥之前有18元钱。用18元钱加上他第1次过桥后给魔鬼的24元钱，他第1次过桥后共有42元钱。那么，他原来身上有21元钱。

263. 看图形数方块

答案： 总共有441个立方体。

当一堆立方体堆成的物体长、宽和高都一样时（每条边包含的小立方体的数目一样时），

我们可以用下面的公式来求这堆立方体存在的立方体的数目：

$C^3 + (C-1)^3 + (C-2)^3 + (C-3)^3 + \cdots + (C-C)^3$

所以本题为

$6^3 + 5^3 + 4^3 + 3^3 + 2^3 + 1^3 = 441$

264. 走不准的挂钟

答案： 猎人两次经过电信局的时间分别是9：00和10：00，说明他采购的时间是1个小时。而他全程的时间是从6：35~10：35，一共4个小时。也就是说他从家走到电信局用了（4-1）/2=1.5小时。到达电信局的准确时间是9：00，所以他出发的时间应该是7：30，到家的时间应该是11：30。

265. 会走动的硬币

答案： 将食指放在桌子上，方向要与这枚1角硬币相对。然后，轻轻地用手指抓动桌布。这样，硬币就会慢慢地向相反的方向移动。不一会儿，它就可以从玻璃杯下面出来了。

266. 涂漆

答案： 这个物体共有54块外部表面（相当于9个立方体的表面）。由于每个立方体需要2升的油漆，所以总共需要9×2=18升。

267. 方块中的难题

答案：

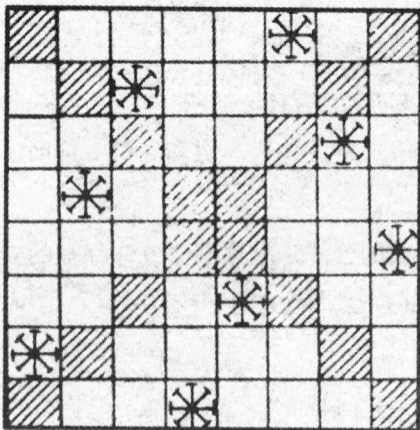

268. 另类调钟法

答案：杰克在离开家之前给挂钟上过发条。当他回来时，挂钟走过的时间等于他去朋友家的时间加上返回来的时间以及在朋友家停留的时间。因为杰克到达朋友家和离开的时候都看过时间。用他离开家的总时间减去在朋友家停留的时间，然后除以2，就得到了他在回家路上所花费的时间。把这个时间加到他离开朋友家时的时间上，就是他回家后的正确时间了。

269. 五个箱子

答案：既然箱子C不是最小的，那么，在箱子A，B，C，D中，箱子D是最小的。所以箱子D的数字不是4就是5。箱子C对应的可能的数字是2，3或者4（不是最大的，也不是最小的）。箱子C和箱子D的数字之和最少是6，但是不大于7。1~5之间任意2个数字之和最大的可能是7。因为箱子A比箱子C或者箱子D大，所以它可能是数字2或者3，但它不是最大的。既然箱子A对应的数字不是2就是3，并且它对应的数字加上箱子E对应的数字一定比6大，那么箱子E对应的数字不是4就是5。

由此可得：

箱子A=2或者3；

箱子C=2或者3；

箱子D=4或者5；

箱子E=4或者5。

由于箱子A对应的数字大于箱子C对应的数字，所以，箱子A=2；箱子C=3；箱子D=4；箱子E=5；箱子B=1。

270. 凸面镜中的影像

答案：男孩将看到自己的右边身体凸起变形。

271. 声音的传导

答案： 声音的传播跟光线是一样的，也遵循着反射定律。

当两根管子跟墙所形成的角度分别相等时，两个孩子能够听到对方的讲话。声波反射到墙面上，然后通过墙面的反射透过管子传播到人耳里。

272. 三兄弟的年龄

答案： 在大哥把自己的苹果分给2个弟弟之前，他有16个苹果，所以他分给二弟和小弟苹果各4个。在二哥分苹果之前，他的苹果数目是8个，这就是说大哥有了16-1/2×4=14个，小弟有2个苹果。

在小弟分苹果之前，他有4个苹果，而二哥有8-1/2×2=7个苹果，大哥有13个苹果。由于每个人得到的苹果数与他们3年前各自的年龄相等。所以，小弟今年7岁，二哥10岁，大哥16岁。

273. 猫抓老鼠

答案： 还是需要5只猫。5只猫5分钟可以抓5只老鼠，延长5分钟的话，还可以再抓5只，如此反复，延长到100分钟的话，就可以抓到100只老鼠了。

274. 公平事件

答案： 如果B真的付给A2元钱，那么，B就多付了一些钱。因为点心是两个人合伙买的。本应该每人吃一半，但是B比A多吃了2个，也就是说，B从A那里拿来了1个。所以只需要把从A那里拿来的一个的钱还给A就可以了。所以B只需要付给A的是1元钱。

275. 瓶子中的药

答案： 如果是三类药，我们第一瓶药取一颗，第二瓶药取10颗，第三瓶药取100颗，第四瓶药取1000颗，以此类推……

称得总重量，那么个位数上如果为1，就是第一瓶药为1g的药，如果为2，就是2g的药，十位数上的就是第二瓶药的种类……对于四类药、五类药……只要药的规格没有大于10g都可以用这个方法。

但是考虑到代价的问题。就要先看最重的药是多重，比如上面例子是3g，就不要用10进制，改用3进制。如果有n类药，就用n进制。第一个瓶子里取n0颗药，第二个瓶子取n1颗药……第k个瓶子取nk. 1颗药。把最后算出来的重量从十进制变换成n进制，然后从最低位向高位就依次是各瓶药的规格。

☞276. 拿硬币赌输赢

答案： A先拿1个，以后根据B取币的三种情况采取以下策略：

B拿1个，A拿2个；

B拿2个，A拿1个；

B拿4个，A拿2个。

也就是说每次保持和B拿的总数一定是3或6，由于499=3×166+1，每轮A与B拿的总数一定是3的倍数，所以最后一定会给对方留下1个或4个，B就输了。

☞277. 盒中剩下的球

答案： 每一次往外拿出来两个球后，甲盒里的白球只有两种结果：

（1）少两个；

（2）一个不少。

甲盒里的黑球也只有两种结果：

（1）少一个；

（2）多一个。

根据以上可得知：如果一开始甲盒中白球数量为单数，那么最后一个白球是永远拿不出去的，最后两球一黑一白的概率为100%。

如果白球为双数，那么白球就会剩2个或者一个不剩，最后两球一黑一白的概率为0。

278. 运动员和乌龟

答案： 显而易见，运动员当然会超过乌龟，但是要确定具体的超越点却不是很容易。可设乌龟跑了s千米后可以追上，则运动员跑了s+12千米，则（s+12）/s=12/1

解得s=12/11千米。

279. 数学测验

答案： 这是个集合问题。

40+31−46=25人都做对。

40−25=15人只做对A题。

31−25=6人只做对B题。

所以，·有15人只做对A题，6人只做对B题。

280. 谁用纸币付的钱

答案： 答案是老三用纸币。原因如下：

（1）开始时：

老大有3个10美分硬币，1个25美分硬币，账单为50美分；

老二有1个50美分硬币，账单为25美分；

老三有1个5美分硬币，1个25美分硬币，账单为10美分；

店主有1个10美分硬币。

（2）调换过程：

第一次调换：老大拿3个10美分硬币换老三的1个5美分和1个25美分硬币，此时老大手中有1个5美分硬币和2个25美分硬币，老三手中有3个10美分硬币；

第二次调换：老大拿2个25美分硬币换老二的1个50美分硬币，此时老大有5美分、50美分硬币各一枚，老二有2个25美分硬币。

（3）支付过程：

老大有5美分、50美分硬币各一个，可以支付其50美分的账单，不用找零。

老二有2个25美分硬币，可以支付其25美分的账单，不用找零。

老三有3个10美分硬币，可以支付其10美分的账单。

店主有2个10美分硬币，以及25、50美分硬币各一枚。

（4）老三买水果：

付账后老三剩余2个10美分硬币，要买5美分的水果。而店主有2个10美分硬币，以及25、50美分硬币各一枚，无法找开10美分，但硬币和为95美分，能找开纸币1元。于是得出答案，老三用1美元的纸币付了水果钱。

281. 到站的时间

答案： 这列火车准点驶入北京站的时间是第二天的2：48。

首先，时针和分针都指在分针的刻度线上，让我们仔细看看钟（手表也一样）的结构：每个小时之间有四个分针刻度，在相邻两个分针刻度线之间对时针来说要走12分钟，这说明这个时间必定是n点12m分，其中n是0到11的整数，m是0到4的整数，即分针指向12m分，时针指向5n+m分的位置。

又已知分针与时针的间隔是13分或者26分，要么12m−（5n+m）=13或26，要么（5n+m）+（60−12m）=13或26，即要么11m−5n=13或26，要么60−11m+5n=13或26。这是一个看起来不可解的方程。但由于n和m只能是一定范围的整数，就能找出解来（重要的是，不要找出一组解便止步，否则此类题是做不出来的）。

张教授便是以此思路找出了所有三组解（若不细心便会在只找到两组解后便称此题无解）。

已知：m=0、1、2、3、4；n=0、1、2、3、4、5、6、7、8、9、10、11。

只要有固定的取值范围，不难找到以下三组解：

（1）n=2；m=4；（2）n=4；m=3；（3）n=7；m=2。

即这样三个时间：

（1）2:48；（2）4:36；（3）7:24。

面对这三个可能的答案，张教授当然得问一问乘务员了。乘务员的回答却巧妙地暗设了机关：正面回答本来应该是4点前或是4点后。但若答案是4点后，乘务员的变通回答便不对了，因为这时张教授还是无法确定是4:36还是7:24。而乘务员的变通回答却昭示道：若正面回答便能确定答案，这意味着这个正面回答只能是4点以前。即正点到站的时间是2:48。

282. 去镇上的时间

答案： 比利是星期二去那个港口城镇的。

先说第1个地方，即宾纳克宠物商店，这个商店周四和周五不营业，我们只能排除这两天。然后，可以排除周六，因为那天理发店休息。由于比利回家时带的钱要比去城镇时带的多，所以他兑现了支票。他是周四领工资，但是，接下来的两天都已经被排除了，因此，说他是周二去城镇的是合乎道理的，那时，银行正好营业。同时，理发店和宠物商店也都在营业。

283. 按要求填表格

答案：

B			A	C
	C	B		A
A			C	B
C	B	A		
		A	C	B

284. 医务人员的话

答案：由于医生和护士的总数是16名，从（1）和（4）得知：护士至少有9名，男医生最多是6名。于是，按照（2），男护士必定不到6名。

根据（3），女护士少于男护士，所以男护士必定超过4名。

根据上述推断，男护士多于4名少于6名，故男护士必定正好是5名。

于是，护士必定不超过9名，从而正好是9名，包括5名男性和4名女性，于是男医生则不能少于6名。这样，必定只有1名女医生，使得总数为16名。

如果把一名男医生排除在外，则与（2）矛盾；把一名男护士排除在外，则与（3）矛盾；把一名女医生排除在外，则与（4）矛盾；把一名女护士排除，则与任何一条都不矛盾。因此，说话的人是一位女护士。

285. 四口人各自做着什么

答案：根据线索（1）可以推断父亲正在做饭或者看电视，又根据线索（4）可以推断父亲正在做饭。因此，根据线索（2）推断出母亲正在整理房间，根据线索（3）知道儿子正在看电视，最后确定女儿正在打电话。

286. 无法满足的承诺

答案：8×8一共64个格，总数相当于：$2^{64}-1=1844\ 6744\ 0737\ 0955\ 1615$。

287. 清仓大拍卖

答案：唐纳德买了咖啡桌（线索2），而丽贝卡出了15英镑买了东西，她买的不是墙角柜（线索3），则一定是钟，剩下墙角柜是塞德里克买的。因此，从线索1中知道，2号拍卖物一定价值18英镑。丽贝卡买的不是3号拍卖物（线索3），我们知道，价值15英镑的不是2号，那么一定是1号。从线索3中知道，2号拍卖物一定价值18英镑，它就是墙角柜。通过排除法，3号则是咖啡桌，是唐纳德花了10英镑买的。

最后整理对应关系如下：

1号，钟，丽贝卡，15英镑；

2号，墙角柜，塞德里克，18英镑；

3号，咖啡桌，唐纳德，10英镑。

288. 吃猪肉

答案： 设丈夫一天能吃x桶肥肉，a桶瘦肉；他老婆一天能吃y桶肥肉，b桶瘦肉。

由题意可列出四个等式：

x+y=1/60

x=1/210

a+b=1/56

b=1/280

很容易可以解出y=1/84；a=1/70。

因为a>y，所以是丈夫先吃完了半桶瘦肉，用的时间T1=（1/2）/a=35天；

这时他老婆已经吃了T1·y=35/84=5/12桶肥肉，还剩下1/2-5/12=1/12桶肥肉；

两人把剩下的这些肥肉吃完需要T2=（1/12）/（x+y）=5天；

所以一共需要的时间是T1+T2=40天。

289. 精明的地毯商

答案： 他先沿着图1中的虚线把地毯剪开，然后，再把上半部分的地毯向左下方移动，这样，就正好可以与下半部分的地毯合并在一起（参见图2）。然后，将它们缝合成一块完整的正方形地毯。

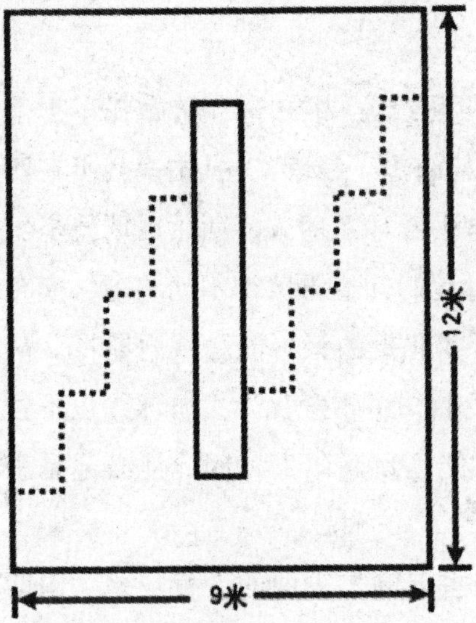

图1

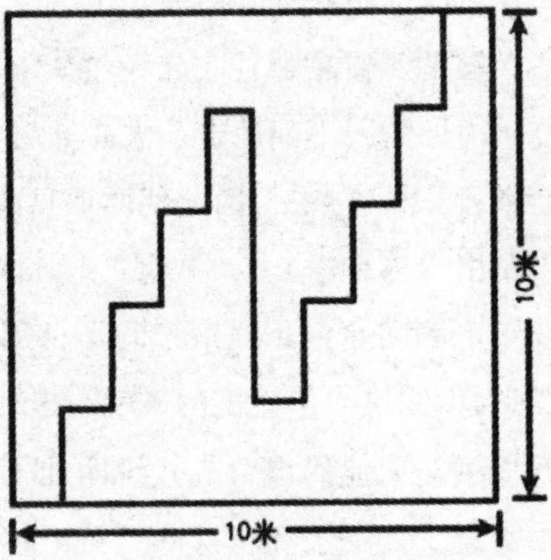

图2

☞290. 抓巫将军

答案："红母鸡"在1649年被宣判（线索4），在1648年被认为是女巫的不是"蓝鼻子母亲"（线索3），因此她一定是"诺格斯奶奶"，并且真名是艾丽丝·诺格斯（线索1）。通过排除法，"蓝鼻子母亲"在1647年被宣判为女巫，而她来自盖蒙罕姆（线索2）。那么伊迪丝·鲁乔不是在1648年被宣判（线索4），而是在1649年，她的绰号是"红母鸡"。可以得出艾丽丝·诺格斯住在希尔塞德（线索4）。克莱拉·皮奇不是来自里球格特乡村（线索3），所以必定来自盖蒙罕姆，并且她是在1647年被宣判的"蓝鼻子母亲"；通过排除法得出伊迪丝·鲁乔住在里球格特。

整理后，她们的对应顺序如下：

克莱拉·皮奇，"蓝鼻子母亲"，盖蒙罕姆，1647年；

艾丽丝·诺格斯，"诺格斯奶奶"，希尔塞德，1648年；

伊迪丝·鲁乔，"红母鸡"，里球格特，1649年。

☞291. 出行的四人

答案： 雷蒙德往东走（线索3），从线索1中知道，骑摩托车去上高尔夫课的人不朝西走。去游泳的人朝南走（线索2），拍卖会不在西面举行（线索2），因此朝西走只能是去看牙医的人。西尔威斯特坐出租车出行（线索5），不朝北走。同时我们知道雷蒙德不朝北走，安布罗斯也不朝北走（线索1和2），那么朝北走的只可能是欧内斯特。从线索4中知道，坐巴士的人朝东走。我们知道雷蒙德不去游泳，也不去看牙医，而他的出行方式说明他不可能去玩高尔夫，因此他必定是去拍卖会。

现在通过排除法知道，骑摩托车去上高尔夫课的人肯定是欧内斯特。从线索1中知道，安布罗斯朝南出行去游泳，剩下西尔威斯特坐出租往西走，去看牙医。最后可以得出安布罗斯开小汽车出行。

最后整理他们的对应顺序如下：

北，欧内斯特，摩托车，上高尔夫课；

东，雷蒙德，巴士，拍卖会；

南，安布罗斯，小汽车，游泳；

西，西尔威斯特，出租车，看牙医。

☞292. 是否交换的博弈

答案： 先看极端情况。

如果A、B有一人拿到5元的信封，该人肯定愿意换；如果A、B有一人拿到160元的信封，该人肯定不愿意换；但问题是A、B两个信封是一个组合；设A愿意换，则B不一定愿意换；反之亦然。

再看中间状况。

从期望收益来看，设若（A、B）信封组合实际为（20、40）：设若A拿到信封，看到里面有20元，则他面对两种可能，即B信封里或为10元（若此，他不愿换），或为40元（若此，他愿意换）。但这两种可能性从概率上说是均等的，即，各为1/2（50%）；因此，他若愿意换，则其期望收益为：$10 \times 50\% + 40 \times 50\% = 25$元；这比他"不交换"的所得（信封里的20元）多，因此，理性的A应当"愿意交换"。而B拿到信封，看到里面有40元，则他也面对两种可能，即A信封里或为20元（若此，他不愿换），或为80元（若此，他愿意换）；但这两种可能性从概率上说是均等的，即，各为1/2（50%）；因此，他若愿意换，则其期望收益为：$20 \times 50\% + 80 \times 50\% = 50$元；这比他"不交换"的所得（信封里的40元）多，因此，理性的B也应当"愿意交换"。

☞ **293. 抽屉里的蛋糕**

答案： 如图可以看到抽屉中3种纸托蛋糕的摆放形式

在这3种可能中，下一个拿出的还是巧克力纸托蛋糕的概率有2种。

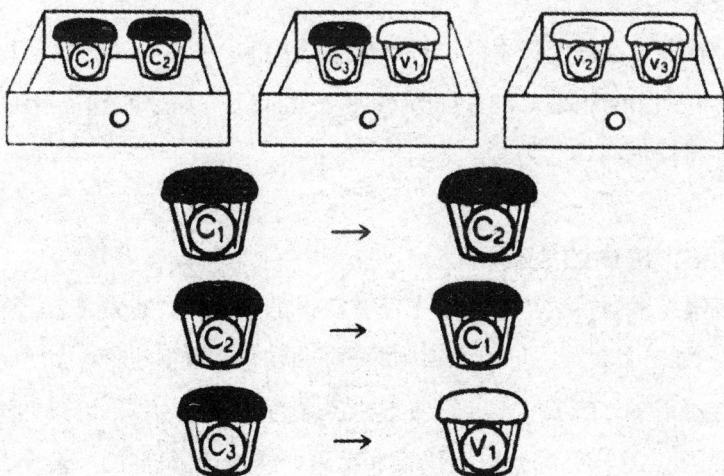

所以，答案是2/3的可能性。

☞ **294. 不能相交的连线**

答案：

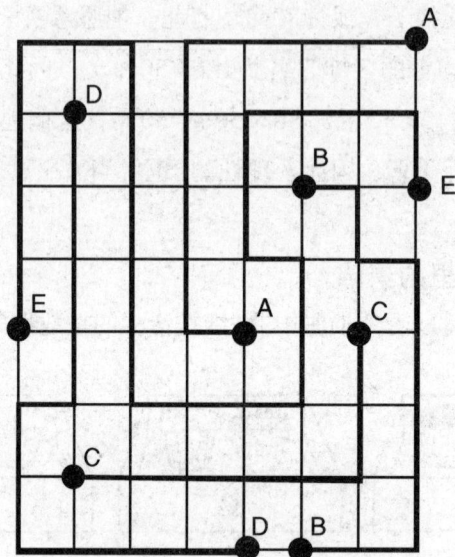

☞ **295. 花园漫步的女士**

答案：49m。

她在各段小道上行走的路程顺序依次如下：

A=9m；B=8m；C=8m；D=6m；E=6m；F=4m；G=4m；H=2m；I=2m。所以加在一起为49m。

☞ **296. 皮皮的故事**

答案：根据线索（1）"丁丁没有获得第一名"，线索（2）"北北比阿超高了2个名次"，可以知道阿超不是第1名；根据线索（3）"东东没有获得冠军"，线索（4）"丁丁比强强高了1个名次"，可以知道强强不是第1名。这样，综合以上线索和结论，能得到第1名的只能是北北。而阿超则获得了第3名。

根据线索（4）"丁丁比强强高了1个名次"可以知道，丁丁和强强只能是第4、5名了。剩下的东东是第2名。所以他们的排列顺序为：北北、东东、阿超、丁丁、强强。皮皮所描述的"强强"就是自己。

⇨ 297. 房间里的猫

答案：4只猫。每只猫都紧邻相邻角落中的猫的尾巴。

⇨ 298. 街道上的大厦

答案：因为大厦是两两相对，所以在121号大厦之前有120栋大厦，而294号大厦之后也应该有120栋大厦。所以可以知道这条街共有294+120=414栋大厦。

⇨ 299. 快手抓钞票

答案：尽管抓钞票看上去是一件很简单的事情，但是如果事先你没有尝试过一次就想成功地抓住它是非常困难的。因为，你的反应速度不够快。

⇨ 300. 智取黄金绳索

答案：把两根绳子的底端紧紧地系在一起（如图1所示）。

然后，爬到左边那根绳子的顶端，并将两根绳子缠在自己的两条腿上，在紧紧抓住绳子的同时，用匕首将右边的绳子割断；接着，将绳子从刚才系绳子的环中穿过去，并把绳子往下拽，直到绳结到达这个环（如图2所示）。

再抓住右边的两根绳子，然后换到右边，并且把左边的绳子从环上切开，顺着双绳子落在地上。最后，把两根绳子从环上拉下来。

左 右　　　左 右　　　左 右

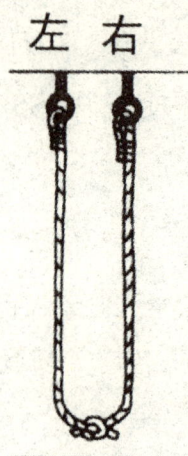 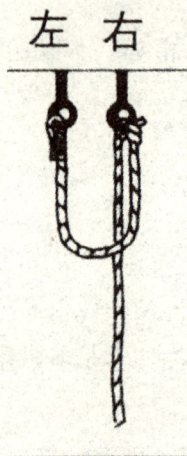 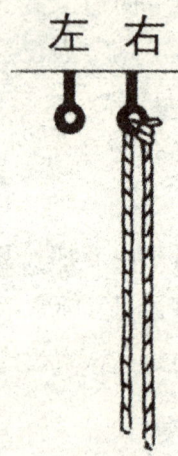

图1　　　　图2　　　　图3